교사를 위한 상담기술

생활지도와 상담 |제2판|

For information:

Corwin Press
A Sage Publications Company
2455 Teller Road
Thousand Oaks, California 91320
www.corwinpress.com

Sage Publications Ltd.
1 Oliver's Yard
55 City Road
London EC1Y 1SP
United Kingdom

Sage Publications India Pvt. Ltd.
B-42, Panchsheel Enclave
Post Box 4109
New Delhi 110 017 India

교사를 위한 상담기술

생활지도와 상담 |제2판|

Jeffrey A. Kottler · Ellen Kottler 지음

김은향 · 김영조 · 이동궁 · 이정희
장현일 · 심정희 · 황애현 옮김

Listening
Questioning
Modeling
Reframing
Goal Setting
Empathizing

second
edition

교사를 위한 상담기술 생활지도와 상담, 제2판

발행일 | 2011년 6월 25일 1쇄 발행

저자 | Jeffrey A. Kottler, Ellen Kottler
역자 | 김은향, 김영조, 이동궁, 이정희, 장현일, 심정희, 황애현
발행인 | 강학경
발행처 | (주)시그마프레스
편집 | 김경임
교정·교열 | 민은영

등록번호 | 제10-2642호
주소 | 서울특별시 마포구 성산동 210-13 한성빌딩 5층
전자우편 | sigma@spress.co.kr
홈페이지 | http://www.sigmapress.co.kr
전화 | (02)323-4845~7(영업부), (02)323-0658~9(편집부)
팩스 | (02)323-4197

ISBN | 978-89-5832-895-7

Counseling Skills for Teachers, 2nd Edition

Author : Jeffrey A. Kottler, Ellen Kottler
Copyright ⓒ 2007 by Corwin Press, Inc.
All rights reserved.
Korean language edition ⓒ 2011 by Sigma Press, Inc. published by
arrangement with Corwin Press, Inc.

* 책값은 책 뒤표지에 있습니다.

조용한 교실, 초롱초롱한 학생들의 눈빛, 창밖에서 불어오는 바람에 살짝 날리는 커튼자락. 그리고 열띤 목소리로 수업에 임하고 있는 '선생님'. 사랑이 가득 담긴 눈빛으로 아이들을 바라보는 선생님의 입가에는 잔잔한 미소가 번진다.

'교사' 라는 말을 듣고 가장 처음 떠올리곤 했던 이미지는 바로 이것이었다. 어쩌면 아직도 많은 이들이 이와 같은 상상을 하고 있을지도 모른다. 하지만 실제 교사의 삶은 이와는 거리가 멀기만 하다. 물론 '가르치는 역할' 도 있긴 하지만, 교사의 삶에서 그보다 더 큰 부분을 차지하는 것은 다름 아닌 아이들과 학부모, 동료교사 등과의 상호관계 속에서 벌어지는 크고 작은 일들인 것이다. '어떻게 하면 더 좋은 교사가 될수 있을까?' 수없이 고민을 해 봐도, 아이들과 학부모가 원하는 수준을 따라가기는 힘이 들고, 그렇게 숨 돌릴 틈 없이 하루 일과를 마치고 나면 어느새 큰 한숨 속에 어깨를 축 늘어뜨린 채 지친 몸을 이끌고 돌아서는 자신을 발견하곤 한다.

'상담' 이라는 분야에 관심을 가지고 있다는 공통점 하나만으로 만나게 된 초등학교 교사들. 누구 하나 알아주는 사람 없어도 그저 기쁘게 공부하고, 토론하고, 머리를 맞대고 고민하며, 10여 년이 훌쩍 넘는 시간을 보내고 뒤돌아보니 한 일이 제법 많다. 자연스럽게 교사들을 위한 온라인, 오프라인 연수나 대학에서의 강의도 하게 되었고, 교사들을 위한 책들도 몇 권 펴내게 되었다. 그런데 이렇게 꽤나 많은 노력을 했는데도 불구하고, 우린 아직도 해결하기 어려운 일들에 대해 고민 중이다. 세상은 늘

변해가고, 특히 우리가 만나는 아이들은 도무지 따라잡을 수 없는 속도로 언제나 새로운 모습을 보여 주기 때문이다. 조용해 보이기만 한 교실에서는, 도대체 어떻게 해야 좋을지 알 수 없는 일들이 너무나 많이 일어나고 있는 것이다.

이 책은 우리들의 이런 고민을 풀어보고자 하는 목적에서 처음 접하게 되었다. 학교에서 문제가 발생했을 때에 교사가 이를 어떻게 판단해야 할지, 일상 속에서 일어나는 수많은 상호작용을 어떻게 효과적으로 이끌어갈 수 있을지, 학부모와의 대화는 어떻게 진행해야 할지, 혼자 감당하기 어려운 일은 어떻게 처리할 것인지 등 교사들이 매일 부딪히는 어려운 문제들에 대해 꼼꼼히 다루고 있기 때문이다. 특히, 각 장의 마지막 부분에 제시되어 있는 제안 활동들을 직접 실행해 본다면, 이 책에서 설명하는 여러 상담기술을 단순히 이해하는 수준을 넘어, 자신만의 스타일로 자신 있게 실천할 수도 있을 것이다. 또 여기서 배우고 익힌 상담기술을 통해서 학생이나 학부모, 동료 교사 등 다른 사람을 돕는 것뿐 아니라, 우리들 교사 자신의 삶에서도 조금 더 활력을 찾을 수 있을 것으로 기대한다.

마지막으로, 이 책의 출판을 흔쾌히 허락해 주시고, 많은 도움을 주신 (주)시그마프레스 여러분들께 진심으로 감사드리며, 이 책이 여러분을 지금보다 더 행복한 교사로 만들어 줄 수 있길 바란다.

2011년 6월

역자 일동

오늘날, 교사는 정보 제공이나 교수학습 외에도 많은 역할을 요구받고 있다. 사실, 교사는 매일 절반 이상의 시간을 수업하는 데 사용하고 있지만, 교실 앞에서 수업을 하는 동안에도 아이의 싸움을 중재해야 하고, 상처받은 아이를 위로해 줘야 한다. 아이들이 개인적인 어려움을 해결할 수 있도록 도와주고, 민감한 주제를 가지고 열띤 토론을 이끌어야 한다. 또한 흥분해서 제정신이 아닌 학부모를 상대해야 할 때도 있으며, 계속 싸우는 두 아이에게 싸움이 왜 둘에게 모두 손해인지 설명해야 할 때도 있다. 그리고 슬픔, 외로움, 불안감, 짜증, 분노, 우울 등의 감정을 느끼는 다른 누군가를 편안하게 해 주기 위해 노력해야 할 때도 있다.

이러한 현실과는 달리 아이러니하게도, 교사 양성과정에서는 대부분의 시간을 교수학습과 관련한 내용을 다루는 데 쓰고 있으며, 교육과정은 물론이고, 효과적 교수 방법과 도구, 수업을 잘하는 방법을 가르치기 위해 힘을 쏟는다. 물론 이러한 훈련은 좋은 교사가 되기 위해 꼭 필요한 일이지만, 교사는 생각지도 못했던 개인적인 문제나 대인관계 문제를 겪으면서 자신의 능력을 넘어선다는 느낌을 종종 갖게 된다.

게다가 학급 관리자로서의 임무와 책임까지 져야 하기에, 교사는 다음과 같이 자신이 미처 준비하지 못한 영역에 대한 일까지도 요구받게 된다.

1. 아동의 정서적 요구에 응답하기

2. 개인적 갈등을 해결하고 싸움을 중재하기

3. 바람직한 역할 모델이 없는 아동을 위한 멘토와 대리 부모의 역할하기

4. 개인적 문제로 괴로워하는 학생에게 믿음직한 친구가 되어 주기

5. 학대, 방치, 약물 중독 및 다양한 문제로 아동이 괴로워할 때 알아차리고 필요할 때에 적절히 의뢰하기

6. 아동의 발달 상황을 바르게 평가하고 신체적, 정서적, 사회적, 영적 성숙 및 인지적 발달을 위해 지속적으로 지도하기

7. 정서적이고 개인적인 문제를 다루는 토론 이끌기

8. 장애아나 특수아를 위한 개별화 교육 프로그램에 참여하기(IEPs)

9. 전화나 면접으로 학부모 면담하기

10. 위기를 겪으며 고통 받는 아동을 위한 문제 해결하기

간단히 말해, 교사는 대학에서 별로 배우지 못했음에도 불구하고 상담기술을 다양하게 사용해야 하는 경우가 매우 많다. 이는 단지 이미 계획된 학생이나 학부모 면담에서의 상호작용을 증진시키는 것뿐 아니라, 복도와 운동장, 방과 후 활동, 그리고 심지어 수업이 이루어지는 교실에서도 종종 필요한 것이다. 이 책은 교사가 상담전문가나 인간관계를 다루는 전문가(학교 상담가, 심리학자, 사회복지사 등)와 같은 역할을 수행하도록 하기 위한 지식이나 기술을 전달하려는 것이 아니다. 학교에서의 하루하루 속에서 교사가 단순한 교과 전문가의 역할을 넘어 조력적 역할을 수행해야 하는 경우가 많으며, 교실 앞에서 역사나 문법을 가르칠 때에 피곤해 보이거나 외로워 보이는, 혹은 문제가 있어 보이는 어린이가 자꾸 눈에 띄기 때문이다. 책상 앞에 앉아 성적표를 매기고 있을 때에 당신을 믿는 어린이가 찾아올 수도 있고, 그 아이는 누군가 자신의 이야기를 들어 주고 이해받기를 원할 수도 있다. 그런데도 당신이 그 아이에게 마치 부모님이나 다른 선생님과 똑같이 말하고 있다면 당신은 대인관계에서의

민감성을 기르고 보다 숙달된 기술을 익혀야 할 것이다.

우리의 바람은 교사에게 상담기술의 가장 기본적 방법론을 소개하는 것이다. 이처럼 제한된 방법을 통해 여러분을 전문적인 상담가로 만들 수는 없겠지만(상담가가 되기 이해서는 수년간의 실습과 그에 대한 슈퍼비전이 필요하다), 학생의 개인 내적, 사회적, 정서적 요구에 부응할 수 있는 기본적 생각과 기술에 대해 여러분이 눈을 뜰 수 있도록 도울 수 있다고 자신한다.

제2판에서 새로워진 부분

이 책의 제2판에서는 내용을 개정하였으며, 집이 없는 노숙가정의 아이와 슬픔이나 상실과 관련된 문제, 괴롭힘이나 폭력 문제, 의욕 없는 아이 등 시대적 이슈를 다루었다. 또한 학급에서 존중과 인내의 분위기를 만드는 데 유용한 집단상담적 접근 방법에 관한 부분을 더 보충하였다.

덧붙여, 새로 추가한 단원인 '셀프상담'에서 신규교사부터 베테랑 교사에 이르기까지 자신을 보다 잘 돌보고 활력을 유지할 수 있는 방법에 초점을 맞추었다. 상담기술을 배워서 얻을 수 있는 가장 좋은 점 중 하나는 다른 이들을 돕는 것은 물론이고 자기 자신을 돕는 데에도 도움이 된다는 것이다.

독자

이 책은 매우 유사성이 높은 두 부류의 독자층을 대상으로 한다. 먼저 이 책은 이제막 교사생활을 시작하는 신규교사에게 매우 유용할 것이다. 대학 교육과정에서 부족했던 상담 분야에 대한 추가연수를 위해 신규교사 대상의 연수 프로그램 교재로 사용할 수 있을 것이다. 또한 이 책을 통해 전문성의 향상은 물론, 개인적 어려움을 극복하여 교사로서의 성공 가능성을 높이는 데에도 도움이 될 것으로 기대한다. 상담 및 컨설팅 기술은 학생으로부터 신뢰감을 얻고 존중받고자 하는 신규교사에게 매우 필요한 부분이다. 이 책은 또한 교사를 위한 '조력기술'에 대한 다양한 교육 프로그램의 주교재나 부교재로 사용될 수 있다. 많은 교사들은 이 책을 통해 교육자, 상담자, 컨설턴트로서의 역할을 준비할 수 있을 것이다. 결국, 아이들과 가장 많은 시간을 보내고, 아이들을 가장 잘 관찰할 수 있는 사람은 바로 교사이기 때문이다.

이 책의 개관

이 책은 '상담자로서의 교사(Teacher as Counselor)'를 기반으로 썼다. 2000년에 이 책의 제목을 '교사를 위한 상담기술(Counseling Skills for Teachers)'로 바꿨으며, 이에 따라 상담자로서의 능력 및 역할에 대한 부분보다는 다른 이를 도울 수 있는 조력기술에 대해 더 중점을 두어 내용을 수정하였다. 이번 제2판에서는 개인상담기술 및 전략뿐 아니라 일상적 수업활동 속에서 학생들의 개인화된 문제를 도울 수 있는 여러 기회에 대해서도 언급하고자 하였다.

개정된 사항은 아래와 같다.

1. 문제의 사정과 진단에 대한 부분 강화했다.
2. 복도, 운동장 등에서의 비공식적 상호작용 속에서의 상담적 기술의 사용을 포함시켰다.
3. 학급에서 일어난 심각한 사안들과 문제를 해결할 수 있는 기술의 적용에 대해 다루었다.
4. 제안활동을 통하여 학습한 내용을 실제로 익힐 수 있도록 하였다.
5. 상담 기술을 활용함에 있어서 문화적 다양성을 감안하도록 강조하였다.
6. 최신 상담기술을 소개하였다.
7. 다른 전문가에게 효과적으로 의뢰하는 방법에 대해 다루었다.

제1장에서는 학교에서 수많은 학생과 함께 생활하는 교사의 다양한 역할에 대해 논의하고 앞으로 다룰 내용에 대해 언급하였다. 코치, 후원자, 감독관, 멘토, 역할 모델 등 수많은 역할을 수행하면서 당신은 일상 속에서 상담기술을 적용할 수 있을 것이다.

제2장에서는 상담이 어떻게 해서 행동 변화에 도움이 되는지에 대해 큰 그림을 보여 줄 것이다. 이 단원에서는 다양한 성격이나 이론적 선호를 뛰어넘는 가장 기본적이고 핵심적인 조력전략에 대해 배울 수 있을 것이다. 이 단원에서 제공하는 체크리스트를 활용하면, 학교생활뿐 아니라 개인적 삶의 장면에서 상담기술을 적용하는 데에 도움이 될 것이다.

모든 교육적 상담적 노력은 문제에 대한 정확한 진단과 함께 그 특징을 알고, 올바른 중재전략을 계획하는 것이라고 할 수 있다. 제3장에서는 정서장애에 대한 기본적 진단과 학생이 보이는 문제에 대한 소개를 통하여 당신이 접할 수 있는 여러 종류의 문제를 민감하게 알아차리고 구분할 수 있도록 하였다.

제4장은 이 책의 가장 핵심부분이라고 할 수 있는데, 상담적 관계의 과정과 함께 혼란스러운 상황에 있는 학생이 문제 해결 또는 최소한 이해의 단계로 발전할 수 있도록 도울 수 있는 여러 기술을 소개하였다. 이 장에서는 학생과 견고한 조력 관계를 만들고 유지하는 방법과 함께 경청하고 감정이나 내용에 반응하며, 목표를 세우고, 실행 계획을 세우도록 하는 방법에 대해 배울 수 있을 것이다.

제5장에서는 상담과 관련된 활동을 교육과정의 한 부분으로 편성하여 학급이나 집단 활동으로 적용하는 것에 대해 다루었다. 학급에서의 주의집중을 높이는 것은 물론이고, 자주 발생하는 여러 문제나 심각한 상황에 있어서 상담기술을 적용하는 방법에 대해 배울 수 있을 것이다.

제6장에서는 대부분의 교사가 연수에서 다루지 않는 부분인 학부모 면담을 앞에서 소개된 다양한 조력기술을 활용하여 효과적으로 진행하는 방법에 대해 다루었다. 구조화된 면담은 물론, 문제가 발생하였을 때에 이를 대처하는 방안에 대해서도 소개하

였다.

제7장에서는 당신이 보다 쉽게 활동하고, 학생에게는 그들이 필요로 하는 적절한 도움을 줄 수 있도록 하기 위한 전문가의 도움을 요청하는 방법에 대해 다루고 있다. 문제를 겪고 있는 학생의 상담을 의뢰하는 것뿐 아니라, 학생을 위한 노력을 함에 있어서 전문가의 도움을 얻는 방법에 대해서도 알 수 있을 것이다.

마지막 장에서는 이 책에서 다룬 상담적 접근 방법을 당신 자신의 삶을 윤택하게 하고 개인적 기능을 향상시키는 데 적용하는 방안에 대해 다루고 있다. 이는 업무 스트레스를 최소화하는 것뿐 아니라 삶의 활력을 높이는 데에도 도움이 될 것이다.

독자를 위한 안내

이 책에서 다루는 내용은 적극적 자세로 학습해야 한다. 조력기술에 대한 부분을 읽는 것만으로도 다양한 상담전략에 대한 개념을 정립하는 데에 도움이 될 수 있겠지만 이러한 복잡한 행동을 당신의 고유한 대인관계 스타일에 적용하기 위해서는 여러 번의 의식적인 노력이 필요하기 때문이다. 이러한 통합은 두 가지 기본 형태로 얻을 수 있다.

1. 각각의 개념이 소개되고 나면, 이것을 자신의 삶에서 어떻게 반영할 수 있을 것인지 스스로에게 물어보도록 한다. 또한 당신 자신의 인간관계를 윤택하게 하는 데에 이러한 기술을 어떻게 활용할 수 있을지에 대해 생각해 보자.
2. 다양한 상황에서 새로 익힌 기술들을 연습할 수 있는 기회를 갖도록 한다. 이를 통해 이러한 기술이 당신의 대인관계에 있어서 자연스럽게 한 부분이 될 수 있도록 하자.

각 장의 마지막 부분의 제안 활동을 통하여 더욱 구체적으로 배울 수 있을 것으로 기대한다. 당신의 실제 삶의 여러 상황에 상담기술을 적용할 수 있는 다양한 활동을 소개하였으니 참고하기 바란다. 이러한 연습들은 효과적 학습을 위해 가장 중요한 개념이기도 하다. 우리가 학생을 가르칠 때에, 그들의 사고와 감정, 행동에 영향을 주고 싶다면 다양한 상황에서 배운 내용을 적용할 수 있도록 구조화해야 할 것이다. 이것은 여러분의 경우에도 마찬가지일 것이다. 짧은 시간 동안 익힌 어려운 기술을 완성하기 위해서는 이와 같은 접근방법이 필요하다.

충분한 시간과 에너지, 노력과 함께 조력기술에 대한 체계적 학습과 기술의 적용에 대한 적절한 슈퍼비전이 이루어질 때에 당신은 교사로서의 역할에서 상담 및 컨설팅 기술을 더욱 효과적으로 구사할 수 있을 것이다.

차례

제7장 전문가에게 자문 구하기

제8장 셀프상담

이

다양한 역할에 적응하기

당신은 언제 지난 학창 생활에 대해 회상하고, 인생에 큰 영감을 주고 영향을 준 선생님에 대해 생각하는가? 어떤 선생님을 가장 존경했는가? 존경받는 교사는 전문성이나 지혜를 보여 줄 뿐 아니라, 품성이나 자기 관리, 고결성과 정직성 등에서 학생의 존경과 신뢰를 받을 만했을 것이다. 즉, 이렇게 훌륭한 교사가 된 데에는 그들이 지닌 지식 때문이 아니라, 학생을 돌보는 자신만의 방식과 열정이 크게 작용했을 것이다. 당신이 학생이었을 때, 선생님이 당신의 최대 관심사를 기억했던 적이 있었을 것이다. 선생님은 당신이 정말로 소중한 사람인 것처럼 당신에게 귀 기울이고 반응했을 것이다.

좋은 선생님에 대한 생각이 보편적인 것이라고 가정하면, 즉 학생들이 '단지 가르치는 것뿐만 아니라 선생님의 보살핌과 마음씀씀이에 의해 영향을 받는다.'고 하면, 교사는 정말로 다양한 책임을 져야 하며 이를 위해 특별한 훈련을 받아야 한다. 여기에는 지식의 전달자뿐 아니라, 멘토, 돌보는 사람, 권위자, 역할모델, 코치, 대리부모, 한계 설정자로서의 역할이 포함된다.

숙련된 조력자

당신은 지금까지 교육학 교재와 방법론 분야에서 체계적인 교육을 받았으며, 지도안을 짜고, 개별적인 수업 진행 보고서를 작성했으며, 시청각 자료와 컴퓨터 기술을 활용해 왔다. 하지만 학생의 삶에 영향을 미칠 수 있는 역할(개인효과성 모델, 바람직한 청자, 숙련된 조력자)에 대한 훈련은 어떠한가?

매일 수많은 역할 속에서 다양한 모습을 보이고 기능하곤 하지만, 어쩌면 이러한 역할에 대해 완전히 준비되어 있지 못할 수도 있다. 아이가 임신했다는 비밀을 털어놓는다면 당신은 어떻게 할 것인가? 정서적으로 완전히 무너져 버린 아이를 어떻게 다루겠는가? 한 아이가 약물을 남용하고 있거나 섭식 장애로 괴로워하는 것 같이 보인다면 어떻게 할 것인가? 아이가 너무 외로워서 이해받고 싶어서 당신에게 다가왔을 때 당신은 그 아이에게 어떤 말을 해 줄 수 있을까? 학생이 비밀을 지키기로 약속해 달라고 하면서, 법을 어긴 사실과 그 행동을 계속하려는 의도를 털어놓는다면 당신은 어떻게 할 것인가?

교사는 단순한 지식전달자가 아니다. 교사라는 직업을 선택한다는 것은, 수많은 방법으로 아이들의 삶에 영향을 주기 위해 전념하는 것을 의미한다. 이 사명을 이루기 위해서는 교실 앞에서 아이들의 눈과 귀를 집중시키는 일 이상의 것을 해야 한다. 아이들과 신뢰감, 상호 존중 및 진정한 애정이 수반된 관계를 발전시켜야 한다. 그리고 이러한 관계가 기반이 될 때, 아이들은 자신의 문제를 도와 달라며 당신을 찾아올 것이다. 하지만 대부분의 경우, 아이들은 적절한 훈련 없이는 알아차릴 수 없는 신호와 같은 미묘한 방식을 통해 도움을 간절히 바랄 것이다.

당신의 임무는 자신을 숙달된 조력자로 발달시키는 것이며, 이는 수많은 상담 및 자문 기술을 익힘으로써 가능하다. 이 훈련과정은 당신이 아이들의 생각과 느낌, 행동을 관찰하고 그 의미를 찾을 수 있도록 도와줄 것이다. 또한 이를 통해 아이들의 내적 세계에 다가가고, 신뢰를 얻으며, 그들이 경험하는 것을 진정으로 이해할 수 있을 것이다. 이러한 공감적 자세를 통해 당신은 아이들이 이해받고 있다고 느끼게끔 도와줄 것이며, 보다 명료하게 상황을 파악할 수 있도록 도울 것이다. 교사는 학생들이 어려운 결정을 내릴 수 있도록 힘을 주고, 건설적 행동을 할 수 있도록 도와야 하며, 가급적 학생들이 전문적인 도움을 받도록 강력히 권고해야 한다. 당신이 조력기술이 있고 학생들의 복지에 진지한 관심이 있다는 것을 안다면 학생들은 당신의 말에 귀 기울일 것이다.

교사를 위한 상담기술

세계의 여러 나라 교사들은 상당히 다른 방식으로 자기 역할을 수행하고 있다. 예를 들어 아시아에는 학교 상담자가 따로 없다. 자금이 부족하기 때문이 아니라, 교사가 상담자로서의 역할을 수행할 수 있는 가장 좋은 위치의 사람이라고 인식하기 때문이다. 그들은 결국 매일 학생들과 상호작용한다. 만약 한 학생이 도움이나 조언을 구하고자 교사에게 다가온다면 학기마다 그 학생의 시간표를 짜는 것을 도와주는 것 말고도 다른 측면으로 교사의 역할을 수행해야 할 것이다. 교사는 학생이 교사에 대한 신뢰를 쌓을 수 있도록 많은 시간을 함께 보내야 한다.

당신이 이러한 교사 역할을 좋아하든 그렇지 않든, 이 역할에 준비가 되었든 그렇지 않든, 의지할 곳 없는 학생이 신뢰할 수 있는 교사여야 한다. 학생들은 당신으로부터 많은 것을 기대한다. 그들의 문제 중 일부는 해결해 줄 수 없고('올바른' 답변을 찾는 것) 일부는 시간이 없어 해결해 주지 못하며(계속 길게 진행해야 하는 상담 유형) 그리고 일부는 해결해 주어서는 안 된다(그들의 삶을 대신 떠맡아 그들에게 무엇을 해야 할지 말해 주는 것). 그럼에도 불구하고 당신이 경청하고 반응하기 등의 몇몇 상담기술과 기본적인 도움을 줄 전략을 가지고 있다면 학생으로 하여금 자신의 감정을 보다 분명히 알고, 동기를 더 잘 이해하며, 행동을 변화시킬 수 있는 계획을 실천하게 함으로써 문제를 해결하는 데 도움을 줄 수 있다. 교육 방법론의 레퍼토리에 상담기술을 추가함으로써 다음과 같은 방법으로 학생에게 도움을 줄 수 있다.

1. 당신의 개인적인 인간관계가 개선되는 것을 알 수 있다. 상담기술을 학습하면 민감성과 반응성이 증가하므로 이 훈련은 다른 사람과 관계를 맺는 방식에 영향을 줄 것이다. 당신은 타인의 감정에 좀 더 공감하게 될 것이며, 의사소통을 좀 더 분명히 하며 자신의 요구를 더 잘 표현할 수 있을 것이다. 마지막으로, 친구와 가족과의 관계에서 친밀성을 높이는 데 더욱 노력하는 자신을 발견하게 될 것이다.

    "집에 돌아왔을 때 가족의 말에 귀를 기울이고 있는 저를 발견하고 놀랐습니다. 처음에는, 이 기술을 배우는 데 거부감을 느꼈습니다. 더 많은 일을 해야 한다고 생각했기 때문입니다. 저는 이미 너무 많은 일에 지쳐 있습니다. 하지만 저는 이러한 학습을 통해 학교에서 학생에게 어떻게 제가 더 잘 반응할 수 있는지를 알게 되어 매우 기쁘고, 제 삶에서도 다른 사람의 말을 더 경청할 수 있게 되어 매우 기쁩니다."

2. 당신은 학교에서 동료로서도 매우 존경받게 될 것이다. 높은 수준의 대인관계 기술로 개인 생활에서 더 좋은 관계를 만듦으로써 자신감이 생기고 학교의 관리자와 다른 교사들과 건설적인 관계를 맺으며 이들을 지원해 줄 수 있게 된다. 모든 사람은 잘 들어주고 동정심 있는 친구를 원하며, 분명하게 생각을 정리하는 사람과 자신의 요구에 잘 대응해 주는 사람을 원한다. 또 다른 이점은 상담기술을 배우면 도움이 필요한 학생에게 더욱 적합한 상담자가 될 것이라는 점이다.

    "저는 한 지역에서 상담가로 일을 하는 한 친구를 알고 있습니다, 저는 그 친구로부터 자신이 맡고 있는 내담자의 90% 정도의 학생들을 의뢰하는 것은 겨우 10% 정도의 교사라는 말을 들었습니다. 제가 생각하기에 저는 이들 소수의 교사들 중 한 명인 것 같습니다. 저는 제가 상담자에게 학생을 많이 의뢰하는 것이 내 학생이 다른 교사의 학생보다 더 많은 문제가 있기 때문이라기보다 제가 그들의 정서적 문제에 더 주의를 기울이기 때문이라고 생각합니다. 그리고 학생을 제가 직접 도울 수 없다는 사실도 잘 알고 있

습니다. 하지만 결국 학생의 문제 해결을 시작하는 것은 저이고, 그것을 끝맺는 것은 상
담자겠지요."

3. 당신은 교실에서 더욱 많은 영향력을 행사할 수 있을 것이다. 학생은 미래에 그들
   이 되고 싶은 모델인 선생님에게 가장 잘 반응한다. 학생은 당신을 존경하고 전문
   지식뿐만 아니라 보살핌과 동정심에 반응한다. 간단히 말해, 상담기술을 통해 더
   짧은 기간 내에 학생과 더 좋은 관계를 맺을 수 있다. 만약 당신이 학생과 같은 마
   음을 공유한다면 학생은 당신을 더욱 신뢰하고, 관심을 얻기 위해 더욱 열심히 공
   부할 것이다. 따라서 이러한 기술은 서로를 뭉치게 하는 아교 역할을 하며, 이러한
   기술을 통해 당신은 최고의 교사가 될 수 있음을 배우게 된다.

   "학생들은 내가 자신의 놀이, 소프트볼, 축구 및 학예회에 참여하는 것을 지켜봅니다. 그
   들은 말이 아닌 행동으로 저를 판단합니다. 저는 그들의 삶에서 진정으로 의지할 수 있
   는 유일한 사람인 것입니다."

4. 당신은 학생의 가장 중요한 걱정거리를 해결함과 동시에, 부조리와 실패에 대한
   스스로의 공포를 다룰 수 있어야 한다. 특히, 처음 교직을 시작하는 교사는 직업인
   으로서 자신의 능력과 잠재력에 대한 많은 걱정을 할 것이다. 학생 지도를 막 시작
   하려는 몇몇 교사들은 다음과 같은 가장 큰 두려움에 대해 이야기한다.

   김 교사는 학생과 관계를 맺는 능력에 매우 자신감을 느끼지만 준비되지 않은 학부
   모 모임을 진행하는 것을 가장 두렵게 생각한다. "저는 학부모에게 왜 이런 방식으로
   일을 처리하는지 설명해야 하는 것이 두렵답니다. 도움이 될 만한 일을 가정에서 학부모
   가 하도록 권유하고자 할 때에 어떻게 해야 할지 모르겠어요."

   이 교사는 특정 부모를 어떻게 대해야 하는지가 가장 염려스럽다. 특히, 자녀를 제
   대로 돌보지 않는 부모들을 다룰 때가 난감하다. "저는 제가 자제하지 못하고 이성을

잃을까 두려워요. 사실 학생에게 해를 가하는 부모들과 이야기할 때는 완전히 통제 불능 상태에 빠진다고요. 하지만 이런 일이 발생한다면 제 자신의 상황을 악화시킬 뿐만 아니라 학생을 다치게 할 수도 있겠지요."

박 교사는 가장 큰 두려움이 집에서 방치되고 학대를 받는 학생을 대하는 것이라고 말한다. "저는 제가 해야 할 일을 잘 알고 있습니다. 그 상황을 보호기관에 신고하는 것이지요. 하지만 대부분 일이 그리 간단하지는 않다고요. 제가 보호기관에 신고를 하면 그 학생에게 어떤 일이 발생할까요? 어쩌면 상황이 더욱 나빠질 거예요. 저는 올바른 일을 할 수 있는 용기를 가질 수 있으면 좋겠어요."

최 교사는 학생을 위한 역할 모델이 되어야 하는 책임감 때문에 매우 신경이 쓰인다. "누군가가 내가 하고 있는 모든 일과 말을 지켜본다는 생각만 해도 매우 두렵습니다. 학생들은 감수성이 예민하며 저는 확실히 학생들이 존경할 수 있는 사람이 되고 싶어요. 저를 힘들게 하는 것은 제가 이러한 책임에 익숙하지 않다는 것입니다. 저는 가족 중에서도 막내라서, 모든 사람을 저보다 더 높게 보는 데에 익숙해져 있으니까요."

문 교사는 특수학급 교사로서 마주치게 될 강렬한 감정을 자신과 분리하는 것을 배울 수 있을지 걱정하고 있다. "제가 집에 올 때 가족을 위해 충분히 충전할 수 있을까요? 학생 중 몇몇은 너무 상태가 심각하고 환경도 나빠요. 학생들은 정말 많은 보살핌이 필요하다고요. 제가 이 일을 오래하려면 한 발자국 물러나 학생의 문제를 나와 분리해서 생각할 줄 알아야겠지요."

민 교사는 자신이 인내심이 약하다는 사실을 마지못해 털어놓았다. "저는 매일 하루 4~5시간 동안 30여 명의 1학년들과 한 방에 있는 것을 생각하면 가슴이 답답해집니다. 학생들이 저를 한계상황으로 밀어붙일 때에도 부드러움을 유지할 수 있을 정도로 자제할 수 있을까요?" 또한 그녀는 편견을 없앨 수 있을지 의심하고 있다. "저는 우리가 어느 정도는 편견을 가지고 있다고 생각해요. 그래서 제가 문제 학생을 다룰 때 저의 개인적 판단을 보류할 수 있으면 좋겠어요. 제가 이런 식으로 편견을 가지면 끔찍한 결과를 초래할 수도 있으니까요."

정 교사는 자신이 비난에 너무 민감하고, 말할 때에도 너무 조심스럽다고 생각한다. 그녀는 도움을 줄 수 있는 능력을 기르는 데에 행동과 말이 어떻게 영향을 줄 것인지에 대해 생각한다. "저는 '올바른' 일, '올바른' 방법에 대해 말하는 것에 대해 집착하곤 하죠. 누군가를 다치게 하거나 당황하게 만들고 싶지 않아요. 실수를 안 저지르려고 하다가, 아무 일도 못할까 봐 두렵습니다."

이들 각각의 예는, 상담기술을 사용하여 학생을 도우려 할 때, 실패에 대한 자신의 두려움을 중화시키는 데에 상담기술이 도움이 될 수 있음을 보여 주고 있다. 이는 훈련의 놀랄 만한 힘이다. 다른 사람을 돕는 조력자로서 더욱 숙련되고 많은 것을 성취하면 할수록 당신은 그 지식을 자신의 인생에 적용하는 데에도 더욱 익숙해질 것이다.

상담기술로 교실과 학교에서 수행해야 할 다양한 역할에 더 융통성 있게 적응할 수 있을 뿐만 아니라, 이미 언급한 많은 방법으로 아래와 같이 자기 자신을 도울 수 있을 것이다.

- 모든 관계에서의 친밀감을 향상시키는 것
- 자신의 내적 감정에 더욱 민감해지고 이러한 내적 감정을 표현하는 데 익숙해지는 것
- 대인관계에서의 갈등을 더욱 쉽게 해결하는 것
- 극적인 사건이나 혼란을 최소화하고 품행 문제를 다루는 것
- 부정적인 감정을 줄이기 위해, 화가 나는 상황에 대해 스스로에게 이야기하는 것
- 건설적이고 체계적인 방식으로 보이지 않는 문제를 처리하는 것
- 개인적이고 전문적으로, 효율성에 문제가 되는 자신의 미해결 문제에 직면하는 것

이 모든 것은 이 책에서 제시된 상담기술에 더욱 숙달될수록 교사로서뿐만 아니라 개인으로서도 더욱 매력적인 사람이 된다는 점을 의미한다.

교실 내에서의 생활

교직은 사람을 돕는 직업이다. 학습 환경을 만들 때에도 교사는 학생의 육체적, 감정적, 사회적 및 지적 요구를 인식해야 하며, 학생이 아이디어의 세계를 탐구할 수 있도록, 육체적, 물리적으로 안전한 교실에서 유쾌한 분위기를 만들어야 한다. 학생이 교실에 들어오는 순간부터 교사는 그들과의 교감을 통해 신뢰를 형성하기 시작한다. 그들이 40분 동안만 있건, 하루 종일 교실에 머무르건 말이다. 학생은 학습 활동을 통해 배우기 때문에, 교사는 친절하고 잘 도와주며, 마음을 이끌어 주고 자극을 주어야 한다. 또한 교사는 학생이 자기 존중감과 자존감을 형성할 수 있도록 노력해야 한다. 더욱이, 학생의 문화적 배경과 개별적인 요구에 따라 다른 방법과 스타일을 적용함으로써 교실 내에서 인내와 협동을 이끌어 내도록 해야 한다. 교사는 학생이 긍정적이고 건설적인 방법으로 서로를 대할 수 있도록 해야 한다. 학생이 좋은 시민이 되어 그들 주변에서 발생하는 일을 판단하여 결정을 내릴 수 있도록 도와주어야 한다. 이러한 경험을 제공하는 것이 교사의 책임이다.

이러한 역할 말고도 교사는 학생 개개인에 대해 알아야 하며, 학생의 기복은 물론 순간적 혹은 오래 지속되는 스트레스가 무엇인지도 알아야 한다. 교사는 모든 학생을 지지하고 용기를 불어넣어 줘야 한다. 예를 들면, 사고로 손가락이 절단된 태호, 어젯밤 갓 태어난 어린 동생을 집에서 처음 만난 지원이, 쉽게 좌절감에 빠져드는 은영이, 지난주에 아버지가 집을 나가 버린 지섭이를 도와야 한다. 변해 버린 우정, 실패에 대한 두려움 및 기타 문제가 학생의 마음을 흔든다. 따라서 교사는 학생의 삶에 발생하는 사건을 해결할 수 있는 최선의 접근방식을 결정해야 한다. 책을 읽거나 그룹 토론을 통해서 말이다.

동시에 교사는 매일의 일정을 방해하는 외부적 사건에 특별한 주의를 기울여야 한다. 각종 행사, 소방 연습 또는 교과 시험 등이 학습을 방해한다. 또한 사회적 위기는 다른 일상사에 우선한다. 예를 들면, 도시에서 폭력 행위가 발생하면 학생은 공부에 집중하지 못한다. 학생은 자신이 안전하고 어떤 것도 그들을 해칠 수 없다는 확신을 가져야 한다. 예를 들면, 학생은 자기 동네의 동사무소가 불에 탄 후 민원업무를 보기 위해 얼마나 멀리 가야 하는지 등과 같은 폭력의 영향에 대해 이야기한다. 마찬가지로, 자살 사건이 일어난 경우, 학생은 친구가 자살을 한 후 느끼는 우울감, 외로움, 친구 간의 우정 및 책임감에 대해 이야기한다.

교실에서 발생하는 학습의 많은 부분은 미리 계획된 수업과는 상관이 없는 경우가 많다. 학생은 자신만의 관심거리를 가지고 있으며, 이들 중 많은 부분은 교사가 중요하게 여기는 것과는 상관이 없다. 결국 학생이 생각하는 인생의 가장 중요한 — 충분히 먹을 만한 음식을 찾고, 최고의 친구를 만들며, 놀이에 참여하거나, 다른 사람이 괴롭히는 것을 멈추는 — 것에 비해, 수업시간에 배우는 국어, 영어, 수학이 뭐 그리 중요하단 말인가?

교실 내의 생활은 계획된 활동, 주제뿐만 아니라 지금 일어난 사건이나 학생의 생활에서 발생하는 다른 많은 문제와 관련이 있으므로, 이들 중요한 문제를 무시하기보다는 해결할 준비를 해야 한다. 더욱 어려운 문제는, 수업시간에 가르치는 내용을 각 학생의 문화적·개인적 맥락에 맞게 통합할 수 있는 방법을 찾아야 한다는 것이다. 상담기술을 활용하여 학생으로 하여금 그들이 알기 원하는 것을 더 잘 찾게 하고 학생의 요구에 더욱 강력하게 응답할 수 있다.

어느 하루

교사는 규칙적으로 수백 명의 학생은 물론이고 상담가, 사회 사업가, 학교 심리학자, 교장, 장학사, 학부모 및 기타 선생님과 상호작용한다. 현재를 평가하든 미래를 계획하든, 새로운 정책이나 개별 학생의 행동을 토론하든 간에 교사는 자신의 견해를 밝히도록 요구받곤 한다. 다른 전문가 및 학부모와 협력하여 일하기 위해 교사는 이들과 라포르(신뢰로운 관계)를 형성해야 한다.

학생 및 다른 전문가와의 관계는 항상 변화, 발전한다. 우리의 목적은 당신에게 효율적인 교사가 되기 위해 매우 중요한 대인관계 기술을 개발하는 데 영감과 동기를 제공하는 것이다. 만약에 당신이 매일 여러 역할을 수행하는 능력 있는 교사의 상황을 본다면, 대부분의 교사가 직면한 문제가 무엇인지 알 수 있을 것이다.

김민희 교사가 하루를 시작하기 위해 차 문을 열고 소지품을 챙길 때, 문득 건물 옆에 둥글게 모여 서 있는 아이들을 보았다. 가슴이 약간 뛰기 시작한다. 싸움을 중지시켜야 할까? 어쩌면 아이들은 부적절한 행위를 하고 있을지도 모르고, 만일 그렇다면 그녀는 이를 중지시켜야 할 것이다. 하지만 곧 아이들이 단지 추위를 피하려고 함께 모여 있는 사실을 알고는 안도의 한숨을 내쉬었다.

아침 8시 10분, 김 교사는 이제 막 일을 시작하려 한다. 그녀는 하루 종일 학생과 동료를 마주하게 될 것이다. 교실 문에 다가서면서 오늘 할 일이 무엇인지, 그리고 교사로서의 책임을 생각한다. 또 어제 새로 전학 온 학생에 대해 교감 선생님과 이야기를 해야 한다. 그러고 보니, 그녀는 연수비 지원을 받기 위해, 참가를 원하는 연수에 대해서도 교감 선생님과 이야기를 해야 한다. 점심시간에 함께 식사를 하는 사람 중 한 명이 이혼 수속 중이며, 이 이야기가 오늘의 화제가 될 것이다. 또한 지역 교육청에서 누군가가 수업 중 일부를 연구 목적으로 참관할 것이라는 내용도 통보 받았다.

김 교사는 대학을 준비하지만 군대에 가는 데에는 전혀 관심 없는, 그녀의 학생 중 한 명에 대해 학교 상담자와 이야기할 것이다. 하루가 계속되고, 운전 시험을 망친 학생이 그녀의 어깨에 기대어 울고 있다. 그녀는 4교시 수업시간에 한 학생이 몰래 커닝을 하는 것을 발견했다. 교감 선생님에게 이야기해야 하는 상황이다. 지금까지 그 학생은 두 번이나 커닝을 했는데, 학생의 부모는 자신들의 귀한 아들이 그런 비도덕적인 행위를 저지를 리 없다고 강력히 주장한다. 또 다른 학생이 최근에 발생한 일로 매우 흥분하여 그녀에게 다가온다. 이 학생은 김 교사와는 특별한 친분이 있었다. 왜냐하면 김 교사를 통해 그 학생과 남자친구가 서로 알게 되었기 때문이다.

김 교사는 교무실장, 이혼한 부모를 둔 학생을 위해 집단을 조직하는 다른 동료 교사 및 복도에서 그녀를 지나치는 수백 명의 학생과 상호작용을 한다. 그녀는 그들에게서 도움을 호소하는 눈동자, 혼란에 빠진 표정, 실망한 얼굴, 넘치는 호르몬, 변덕스러운 감정, 정열과 흥분을 본다. 그녀는 자신이 감지하는 이 모든 고통과 요구에 압도당한다. 김 교사는 그들 모두가 자신이 할 수 있는 것보다 훨씬 더 많은 것을 원한다는 사실을 깨닫는다.

우리가 김민희 교사의의 일상을 따라가다 보면, 그녀가 많은 사람과 상호작용하며 다양한 상황에서 대인관계 기술을 사용한다는 점을 알 수 있다. 어느 한순간 그녀는 엄마의 재혼으로 가족구성원이 달라지는 것에 대해 염려하는 학생과 이야기한다. 그리고 야구팀에서 쫓겨나서 실패의 감정을 느끼는 소년과도 이야기를 한다. 그런 다음, 약물재활센터에서 돌아오는 학생과 이야기한다. 그리고 한 학생에게 대학 진학 계획에 대해 조언을 한다. 그녀는 일상의 많은 부분을 다른 사람과 상호작용하는 것으로 보낸다. 이는 사람들이 지침을 얻을 수 있도록 그녀에게 의지하며, 그녀는 다른 사람에게 그들에게 발생하는 일에 대해 관심을 가지고 있다는 점을 보여 준다.

그런 다음 그녀는 많은 주제를 가지고 수업에서 토론을 이끈다. 한 수업에서 인종주의자의 과도한 목소리에 대해 단호한 조치를 신속히 취해야 하는 것에 대해 이야기한다. 다른 수업에서 그들은 계획된 수업을 하고 다음에는 누군가가 세계가 얼마나 불평등한지에 대해 고민하는 부분이 있다. 그리고 다가오는 시험에 대해 이야기한다. 다른 반에서는 대부분 매우 흥미롭고 간단한 활동이 지루해지자, 그녀는 왜 그런지를 파악하려 하지만 이러한 분위기를 변화시키기 위해 무엇을 해야 할지 알 수가 없다.

이는 어느 고등학교 교사의 일상이지만, 동일한 패턴이 초등학교에서도 발생한다. 매 시간 다른 도전이 닥쳐오고, 매번 당신의 집중력, 민감성 및 대인관계 기술이 요구된다. 이 경우, 당신은 평상심을 유지해야 하며 자신을 제어하여 어떤 일이 발생하는지 알아내어 당신이 생각할 수 있는 수백 가지 가능성 가운데 적절한 답변을 선택해야 한다.

당신이 좋아하든 안 하든, 준비가 되었든 안 되었든, 학생은 생일 파티에 참석할지 여부를 결정하는 것부터 어떤 수업을 들을 것인가까지 많은 결정을 하는 데 도움을 받기 위해 당신을 찾을 것이다. 그들은 가치를 구분하며, 자신이 직면한 상황에 대한 평가를 하는 데에 있어서 도움을 청한다. 당신은 그들의 삶에서 발생하는 사건을 공유하게 된다. 새로운 애완견, 낮은 점수로 인한 좌절감, 친구와의 절교, 가족의 죽음 등 말이다. 또한 그들은 매너와 에티켓에 관련된 질문도 한다.

당신이 이들 상황에 반응하는 방식과 여러 역할을 수행하는 능력 등은 학생의 교육적 경험 수준에 많은 영향을 미친다. 상담에 대한 지식은 상담에 임하는 학생과의 관계와 다른 동료와의 우정 및 관계에 막대한 영향을 미칠 것이다. 심지어는 당신이 가장 사랑하는 사람과의 관계에도 영향을 미치게 될 것이다.

제안 활동

1. 어떤 부분에 대해 교사 역할을 하는 것이 가장 부담스러운가? 어떤 역할에 가장 준비가 안 되었다고 느끼는가? 이 문제를 숙고해 본 후에 당신의 반응을 적은 뒤에, 안전한 장소(추후에 이 내용을 다시 찾아 읽을 수 있는 곳)에 종이를 보관한 뒤 수년 간 보관하라. 그리고 두려움에 대해 토론하는 동료집단에서 당신의 생각을 함께 나누어라.
2. 학생을 인터뷰하여 그들이 삶에서 만나고 싶어 하는 교사의 역할을 찾아라. 학생이 할 수 있는 한 구체적으로 표현하도록 격려하라.
3. 하루 동안 교사의 일상을 살피고, 그가 수행하는 다양한 역할을 찾아내라. 당신이 그 교사에 대해 관찰한 것을 토대로 하여, 몇몇 광범위한 역할, 즉 수업을 하는 강사 역할, 문제 해결사 역할, 비서 역할 등의 범주로 구분하라.

권장도서

Corey, M. S., & Corey, G. (2007). *Becoming a helper* (5th ed.). Pacific Grove, CA: Brooks/Cole.

Glasgow, N. A. (2006). *What successful teachers do in diverse classrooms.* Thousand Oaks, CA: Corwin Press.

Hazler, R. J. (1998). *Helping in the hallways: Advanced strategies for enhancing school relationships.* Thousand Oaks, CA: Corwin Press.

Kottler, J. A. (2003). *On being a therapist.* San Francisco: Jossey-Bass.

Kottler, J. A., Zehm, S. J., & Kottler, E. (2005). *On being a teacher: The human dimension* (3rd ed.). Thousand Oaks, CA: Corwin Press.

Palmer, P. J. (1998). *The courage to teach: Exploring the inner landscape of a teacher's life.* San Francisco: Jossey-Bass.

02

조력 과정에 대한 이해

모든 학생을 위해 규칙적으로 상담을 하거나 친한 친구 역할을 하는 것은 당신의 일이 아니다. 당신은 이런 역할을 수행하기 위한 충분한 시간이나 기회도 없을뿐더러, 이에 관한 연수를 받을 일도 없을 것이다. 또한 설령 이런 조건이 갖춰진다 하더라도 이를 수행할 에너지가 남아 있지 않을 것이다. 그럼에도 불구하고 학생이 이해받기 위해 당신에게 손을 뻗는 경우가 종종 있을 것이다.

상담기술 학습을 위한 몇 가지 제안

몇 가지 기술에 담겨 있는 기본적인 배경을 아는 것은, 학생을 더욱 효율적으로 돕는데 도움이 된다. 이를 위해 먼저, 다음과 같은 몇 가지 기본적인 아이디어를 숙지하도록 하자.

1. 책을 읽는다고 조력기술을 배울 수 있는 것은 아니다. 대인관계 기술이 부족하다고 느낀다면, 이를 실제로 연습해야 할 것이다.
2. 조력자의 역할은 자연스럽게 이루어지지 않는다. 이전에 이미 들어서 알고 있을 수도 있

는 여러 기술, 예를 들어 상대를 비판하지 않고, 나 자신의 욕구를 뒤로 밀어놓고 상대에 집중하는 것과 같은 일들은 결코 자연스럽게 할 수 있는 일이 아니다.

3. 문제(problem)를 다루는 것이 아니라 그 문제에 대한 걱정(concern)을 다루는 것이다. '문제'에는 해결책(그것도 올바른)이 있지만, 개인적 어려움에는 딱 떨어지는 해답이 없다. 그 때문에 우리들 대부분은 평생 동안 같은 어려움을 가지고 씨름한다.

4. 충고하려 하지 마라. 당신이 생각을 기준으로 다른 사람에게 어떻게 하라고 말하게 되면 두 가지 결과를 예상할 수 있는데, 모두 부정적 결과를 초래하게 될 것이다. 먼저, 누군가에게 가장 좋은 것이 무엇인지 알고 있다고 생각해서 그 사람에게 어떻게 하라고 말한다면 그 결과는 정말 끔찍할 수 있다. 그것이 실수였다면 평생 동안 비난을 받을 수도 있기 때문이다. 나쁜 충고를 하는 것보다 더 나쁜 단 한 가지가 바로 좋은 충고를 하는 것이다. 당신이 충고해서 누군가의 문제가 멋지게 해결되었다고 치자. 이 일을 통해 그 사람이 배우게 된 것은 앞으로 살아가면서 어떻게 해야 좋을지 모를 때에 다른 누군가에게 의지하는 것뿐이다. 결국, 당신은 그 사람이 스스로 결정을 내릴 수 있는 능력이 없다는 생각을 강화시킨 꼴이다.

5. 너무 많은 것을 하려 하지 마라. 초보자가 가장 빈번히 느끼는 어려움은 아이러니하게도 너무 많은 일을 하려고 하는 것이다. 이것은 어디까지나 아이의 문제임을 기억하라. 당신이 할 수 있는 것은 학생이 혼자가 아니라고 느끼도록 도와주는 것이고, 학생을 이해하고 있으며, 그들을 지지하고 있다는 것을 보여 주는 것뿐이다.

6. 시작하기 전에 '도움을 줄' 자세를 가져라. 명상을 하거나, 다른 의식상태로 변화시키는 것과 마찬가지로, 다른 사람에게 도움을 주기 위해서는 집중력을 강화할 필요가 있다. 누군가를 도우려고 결심했다면, 당신 자신의 문제는 잠시 미뤄 놓은 채, 산만한 마음을 추스르며, 들은 내용에 대해 섣불리 판단하지 않아야 한다. 더욱이, 학생이 자신이나 타인을 해하려 하는 위험한 순간이 아니라면, 당신은 사적인 의사소통의 비밀을 유지하기 위해 최선을 다해야 한다.

7. 이 일로 인해 너무 부담을 느끼지 않도록 하라. 앞으로 이 책에서는 상담 분야의 능력을

기르기 위해 전일제 학생이 3년 정도는 공부해야 할 만한 내용에 대한 간단한 개요를 제공할 것이다. 당신이 여기에 제시된 모든 아이디어와 기술을 사용하길 기대하는 것은 현실성도 없고, 합리적이지도 않은 일이다. 우리의 목적은 단지 당신이 대인관계의 효율성 수준을 지금보다 조금 더 올릴 수 있도록 돕는 데에 있다. 경력을 쌓아감에 따라 상담연수와 워크숍, 대학원 공부, CD, DVD 및 책 등의 많은 기회를 접하게 될 것이고, 이를 통해 기술도 점진적으로 숙달되어 갈 것이다.

8. 인내심을 가져라. 이 책에서 다루는 많은 부분이 이미 익숙하고 지루할지도 모르지만, 상담가가 조력적인 역할을 수행함에 있어서 분명히 구별되는 고유의 모습이 있을 것이다. 예를 들어, 자신의 욕구를 뒤로 하고, 전적으로 다른 사람의 경험에 중점을 두어야 하는 부자연스러운 상태가 그것이다. 새로운 기술에 대해 몇몇 사람은 어색함과 서투름을 느낄 것이다. 따라서 새로운 자료를 접할 때에는 당신이 할 수 있는 범위 내에서 현실적인 기대를 갖는 것이 좋다. 이는 당신이 사람들을 대하는 방식으로는 변화를 유발할 수 없다는 것을 의미하는 것이 아니라, 단지 꾸준한 작업과 연습, 인내가 필요하다는 것을 의미하는 것이다.

조력적 태도

비록 이 책에서 다루는 것은 조력 과정과 기술이지만, 전문기술을 익히는 것 이상으로 상담적 관계를 확립하는 것의 중요성을 명심할 필요가 있다. 상담 장면에서 상담자가 적용하는 조력적 태도가 있는데, 잡념 없는 마음으로 내담자에 집중하며, 수용적인 태도가 바로 그것이다. 이는 일반적 의식과는 다른 상태로서, 단일한 활동을 중심으로 주의집중하고, 에너지를 쏟으며, 마음을 다하는 명상 상태와도 다른 것이다. 그보다는 다른 사람이 마음의 평화를 찾도록 돕는 것이다.

우리는 조력적 자세의 한 가지 특징으로 비판단적이어야 함에 대해 언급한 바 있다. 이 밖에도, 견고한 관계를 발전시키기 위한 중요한 다른 특징은 신실함, 진실성,

배려, 존경 및 공감이다. 이들은 그저 기분 좋으라고 사용하는 단어가 아니다. 이러한 태도는 사람들과 접촉하고 다른 인간을 진정으로 이해하는 데 꼭 필요하다.

> ### 다른 이를 돕기 위한 마음자세 연습하기
> --
>
> 조력적 태도를 배우는 데에도 연습이 필요하다. 사실, 우리가 다른 이를 도울 수 있는 마음가짐을 갖추고, 다른 이에 대해 더 잘 인식하며 집중할 수 있게 되어 상담을 진행하는 데에는 일반적으로 한 달 이상이 소요된다. 여기에는 다음과 같은 단계가 있으므로, 타인과의 대화를 통해 꾸준히 연습해 볼 것을 제안한다.
>
> - 깊이 호흡하라. 이는 요가에서 심호흡(cleansing breath)이라고 부른다. 모든 산만한 것, 잡생각을 살짝 뒤로 밀어 놓고 상대에만 집중하라.
> - 주의를 집중하라. 주의가 흐트러지거나 잡생각이 들면 이를 물리쳐라. 다른 사람에게 주의를 집중하여 그 사람에게만 집중하라. 이는 명상과도 같다.
> - 판단하지 마라. 가능한 중립적 태도를 유지하고 상대를 수용해야 한다. 그 사람의 행동에 동의할 수 없다 하더라도 그 사람을 한 인격체로 수용할 수 있어야 한다. 만일 당신이 조금이라도 자신을 비난하거나 동의하지 않는다고 느끼게 되면, 학생은 떠나고, 그를 도울 수 있는 기회도 사라질 것이다.
> - 공감을 활용하라. 사람을 대할 때 마음을 활짝 열고, 공감적 태도를 활용하여 상대에 대한 당신의 염려와 배려를 전달하라.

서브를 넣기 전의 테니스 선수, 야구에서의 투수, 또는 기타 인간 행위의 다른 전문가를 관찰하면 당신은 이들이 최대 집중 상태에 들어갈 수 있도록 어떤 의식을 수행하고 있음을 알아볼 수 있다. 이들은 깊은 숨을 쉬고 규정된 일련의 움직임이나 제스처를 따른다. 이를 통해 이들은 그 일에 집중할 수 있다. 이는 상담기술에도 똑같이 적용된다. 당신은 의미를 전달하고 느끼며 공감하는 상태에 들어간다. 그러면 이전 상태에서 보지 못했던 일을 듣고 볼 수 있다. 그리고 당신 자신에 대해 좀 더 많은 것을 생각할 수 있다.

　이 책에서 제시하는 기술과는 달리, 이러한 태도는 단지 연습한다고 해서 배울 수 있는 것은 아니다. 학생(또는 누군가)을 진심으로 염려하고 배려하는 감정을 느끼기 위해서는(특히 그들이 사랑스럽지 않은 방식으로 행동할 때조차도) 정말 헌신하고 노력해야 한다. 교사라는 전문직을 선택했기 때문에 이러한 헌신은 당연한 것이다.

　조력행동이 단지 기술과 기술을 적용하는 것만이 아님을 명심하라. 이러한 행동은 커다란 고통이나 괴로움을 겪는 이에게 위안을 주고, 건설적인 방안을 마련해 주기 위한 시도인 것이다.

상담의 통합적인 접근

우리는 교육가가 학습을 촉진하는 최선의 방식에 대해 오랫동안 논쟁해 왔다는 사실을 잘 알고 있다. 그동안 공부한 수십 개의 이론은 학생이 학습하는 방법에 대한 이유를 고유한 방식으로 분명하게 설명한다. 당신은 교사가 수행해야 하는 최선의 방식에 대한 다양한 의견도 접해 보았을 텐데, 그중 교사가 주로 학생의 행동 강화와 아동 행동에 대한 행동주의적 관리를 하도록 노력해야 한다는 이야기를 들어보았을 것이다. 그 밖에도 발달 중심적, 건설적, 인간 중심적 또는 인지적 접근방식도 잘 적용될 수 있음을 알고 있을 것이다. 하지만 정말 혼란스러운 일은, 당신이 읽은 책의 저자, 교수의 말이 모두 옳은 것처럼 보인다는 것이다. 심지어 서로 상반되는 이론이지만 모두 효과적인 교수법일 때도 있다.

　심지어 이들 논쟁은 상담 전문가에게는 귀에 거슬릴 정도이다. 효과가 최고라고 나타난 조력 시스템만 약 400여 개가 존재하며, 이는 '사실'이다. 따라서 이 책에서는 각기 다른 접근방식의 세세한 특징에 집중하기보다, 거의 모든 실천가가 중요하다고 동의하는 요소에 관심을 집중할 것이다. 모든 조력적 접근(상담가, 심리학자, 정신과 의사, 사회복지사, 교사 또는 주술사가 활용하건, 그것이 우리 문화권이건 다른 문화권이건 간에)은 비슷한 작동요소를 갖고 있다.

의식상태 변화시키기

상담이건 수업이건 상관없이, 모든 조력적 접근의 목적은 인지적인 변화를 촉발하여 생각과 감정, 행동에 영향을 주는 것이다. 이러한 목적에 도달하기 위한 노력은 학생이 수용적일 때 더욱 성공적일 수 있다. 이러한 수용능력은, 사람이 영향을 더 많이 수용할 수 있는 분위기에 있을 때 증가한다. 이는 누군가가 변화를 유도하는 조력적 환경을 조성할 때 생겨날 수 있는 상태와 같이 영향 받기 쉬운 상태에 있을 때 더 커진다. 아래 사항은 당신이 학생의 눈에 힘 있는 전문가로 보이고, 그들을 좀 더 수용적인 상태로 만들 수 있는 몇 가지 방법이다.

상태의 변화를 증가시키려면

- 신선한 자극을 통해 학생의 주의와 관심을 끈다.
- 목소리와 몸짓에 변화를 주어 필요할 경우, 각성상태를 조절한다.
- 이완법을 사용하여 학생이 침착한 상태를 유지하게 한다.
- 학생의 흥미 분야에 대한 전문지식을 보여 줌으로써 신뢰도를 높인다.
- 어떤 일이 발생할지 예측하고 학생이 당신의 예상을 확인하는 것을 허용한다.
- 음악과 기타 특수 효과를 사용하여 학생이 수용적 상태가 되도록 한다.
- 지각된 위협을 감소시켜 학생의 수용능력을 증가시킨다.

플라시보 효과

학생의 신념체계에 '이것이' 꼭 성공할 것이라는 확신이 있을 때에 영향을 받아 변화가 일어난다는 것은 이미 잘 알려진 사항이다. 의사는 상대적으로 약한 약을 환자에게 제공할 때, "이 약을 먹으면 훨씬 좋아질 거예요."와 같은 플라시보 효과를 사용하곤 한다. 기본적으로 학생에게 잘할 수 있다는 메시지를 전달할 때 플라시보 효과가 발생한다는 측면에서, 우리도 이와 비슷한 일을 하고 있다고 볼 수 있다. 도움을 줄 수 있다고 자신의 힘을 믿음으로써, 우리는 종종 포기하곤 하는 이들에게 희망과 영감을 줄 수 있다.

> "네가 여기 와서 나와 이야기하기로 결심했다는 게 정말 기쁘다. 나는 많은 아이들이 너와 비슷한 걱정거리를 털어놓는 것을 들었어. 우리가 대화를 하고 나면 기분이 한결 좋아질 거라고 확신한단다. 나는 널 도울 수 있어."

이 메시지는 거의 최면적인 성격을 가지며 우리가 제공하는 일과 그 과정에 대한 우리의 신념을 명확히 표현하고 있다. 이를 다음과 같이 의심으로 가득 찬 다른 진술과 비교해 보도록 하자.

> "글쎄… 음… 네가 아주 어려운 상황에 처한 것 같구나. 사실 난 이런 종류의 일에 대해 아직까지 많은 이야기를 나눠 본 경험이 별로 없어서 말이야. 솔직히, 내가 뭘 할 수 있을지도 모르겠구나. 뭐랄까… 혹시나 우리 이야기가 잘 풀리면 좀 도움이 될 수 있을지도 모르겠다만… 좀 걱정이구나."

이 두 번째 진술은 좀 더 유머러스하게 들릴지 모르겠지만, 이처럼 도움이 되고자 하는 마음은 있지만, 자신과의 의사소통이 별 게 아니고, 맥 빠지는 일이라거나, 비관적 결과가 나올 수도 있다는 식의 어색한 방법이 얼마나 비효과적인지 알면 매우 놀랄 것이다. 전문가로서의 지위를 떨어뜨리고 싶지 않다면 사람들에게 희망을 줘야 한다.

치료적 관계

우리가 강조해서 말하고 싶은 것은 조력관계의 형성이 가장 중요한 요인이라는 것이다. 대부분의 사람은 그들의 삶에서 친밀감을 추구한다. 모든 사람은 다른 사람과 연결되고, 이해받길 원한다. 예전에 우리는 친구, 친척 및 서로서로를 걱정하는 이웃과 긴밀한 관계를 유지하고 있었지만, 현대 사회에서는 단편적이고 단절된 관계 속에서 살아간다. 아이도 어른과 마찬가지로 밀접한 관계를 갈구한다. 모든 조력체제의 공통적 요소 중 하나는 개방적이고 신뢰로우며, 수용적이고 안전한 동맹관계를 강조하는 것이다. 이러한 조력관계는 내적 치유를 도우며, 위안이 되고, 지지가 된다. 그리고 위험을 감수하게 한다. 따라서 이러한 관계는 조력 과정에서 우리가 수행하는 모든 일의 핵심이 된다.

당신은 '올바른' 방식으로 다른 이를 돕고, 상담기술을 아주 적절히 연습하는 것에 대해 고민할 수도 있지만, 가장 중요한 핵심은 이로 인해 당신과 학생과의 관계가 매우 달라질 수 있다는 것이다. 학생이 당신의 진실성, 신뢰 및 자신에 대한 당신의 헌신이나 사랑을 느낀다면, 학생은 삶에서 큰 전기를 마련할 수 있을 정도로 보호받고 지지받는다고 느낄 것이다.

관계 형성하기

- 작지만 점진적인 단계로 시작하라.
- 학생의 준비 수준을 민감하게 감지하라.
- 무엇이 사람을 더 친밀하게 하고 혹은 멀게 하는지에 주의를 기울여라.
- 당신의 배려와 강한 관심을 보여 주어라.
- 따뜻함과 이해심을 보여 주어라.
- 학생이 말한 것을 듣고 제대로 이해했다는 것을 보여 주어라.
- 학생에 대한 헌신을 보여라.
- 일관성을 가져라.
- 개방성과 정직성을 고수하라.
- 깊은 동정과 공감을 연습하라.

카타르시스 과정

오래전 지그문트 프로이트는 사람들이 자신을 괴롭히는 문제에 대해 탐색하게 되고, 그들의 공포와 걱정거리에 대해 방해 없이 이야기하게 되면, 그 후에는 훨씬 더 좋은 기분 상태가 되는 것을 발견했다. 모든 상담적 접근방식은 내담자에게 자신의 가장 큰 문제에 대해 무엇이든 말하도록 하여 더 나아가 카타르시스를 느끼는 과정을 갖게 한다. 몇몇 관계 구축 기술을 발달시킴으로써 당신은 최소한 이 마지막 2개의 요소를 매우 잘 활용할 수 있을 것이다.

기본적으로 상담 회기에서 가장 중요한 것은 사람들이 속마음을 말할 수 있도록 안전한 장소를 제공하는 것이다. 우리는 기계적 기억을 바탕으로 낭송하는 것처럼 계속 반복되는 암송된 이야기에 대해 이야기하는 것이 아니다. 우리는 어떤 한 사람의 이야기를 듣고 이해하는 방식으로 인생 경험에 대해 솔직히, 그리고 깊이 말하는 기회를 갖는 것을 이야기하고 있는 것이다. 모든 사람에게는 비밀이 있다. 모든 사람은 그 사람의 인생에서 부끄러워하는 뭔가가 있고, 마음의 상처나 공포스러웠던 과거의 일로 괴로워한다. 그리고 대부분의 사람들은 그들이 살아온 인생 여정이나 지금 겪고 있는 일에 대해 누군가에게 이야기를 할 수 있다면 기분이 훨씬 좋아질 것이다.

의식 향상

의미 있는 변화란 자신과 타자 그리고 세상을 바라보는 방식의 변화를 의미한다. 교사로서 당신은 특히 이들 변화를 촉진할 수 있다. 교사는 세계에 대한 아이들의 의식 수준을 높일 뿐 아니라 다른 사람과의 관계에서 스스로에 대한 의식을 높이는 데에도 관심을 가져야 한다. 따라서 이 상담의 요소 중 하나는 더 많은 자기 이해와 자기 발견을 촉진하는 데 관심을 갖는 것이다. 즉, 교사의 역할 영역 내에서 수행되는 업무라 할 수 있다.

우리는 지금 학생이 자기 자신과 세계에 대해 더 잘 이해하도록 돕는 것에 대해 이야기하고 있다. 상황, 학생, 접근방식에 따라 다음과 같은 다양한 형태를 띨 수 있다.

- 모순 강조하기 : "너같이 수학을 잘하는 아이가 내 수업에서는 뭔가 어려움이 있다니 그것 참 흥미롭구나. 네가 생각하기에는 어떤 차이가 있는 것 같니?"
- 패턴 연결하기 : "같은 영역에서 벌써 세 번이나 문제를 겪게 되었구나. 뭔가 일정한 패턴이 반복되는 것 같다."
- 비방어적으로 직면하기 : "너는 스스로 패배자라고 말하지만 너를 정말 아끼는 여러 명의 친구가 있다는 것을 나는 알고 있단다."
- 건설적 위험을 감수하도록 권장하기 : "앞으로 이러한 공포를 경험하지 않고, 이 영역에서 더 많은 자신감을 가질 수 있도록 하려면 무엇을 할 수 있을까?"
- 지나친 과장 다루기 : "너는 네가 항상 다른 사람을 기분 좋게 한다고 말하는구나. 어떤 경우이건 말이야. 그런데 나는 네가 여러 번 내 말을 듣지 않는 걸 봤단다."
- 답을 알려 주지 않고 어려운 질문하기 : "그렇게 많은 네 친구들이 왜 그렇게 행동한다고 생각하니?"
- 불확실성에 대한 모델링 제공하기 : "나는 가끔 무슨 일이 벌어지고 있는지 잘 모를 때가 있단다. 그래서 이런 점을 개선하려고 무척이나 노력하고 있지."

이런 형식이나 다른 방식으로 당신은 학생이 자신의 성격적인 면을 더욱 깊이 들여다보도록 도전하게 할 수 있다. 그리고 학생이 자신의 행동을 스스로 이해할 수 있도록 도움을 준다. 이러한 통찰력은 스스로 지속적인 변화를 촉진시키는 데에는 충분치 않지만, 더욱 사려 깊은 자기 반성적인 활동을 촉진한다.

강화

상담은 치료관계를 더욱 기능적으로 행동하고 자기 패배 행위를 없애는 체계적인 수단으로 사용한다. 아이가 처음으로 자신이 진정으로 어떤 문제를 가지고 있다고 이해하면 우리는 즉각적인 지원을 제공할 수 있다. 마찬가지로 그 아이가 이전과 같이 부적응한 행위에 관여할 때 우리는 고의적으로 무시하거나 반응을 하지 않는다. 아이가 기분 좋은 감정에 대해 말하고 자기 자신을 통제하면 우리는 미소를 짓고 고개를 끄덕인다. 반면에 수동적이고 의존적으로 행동하면 우리는 더욱 중립적이 되고 이 행위는 지지하지 않는다. 물론, 모든 행위 원리를 적용하는 데에 있어 우리의 도전사항은 어떤 행위를 승인하고 불승인하든 항상 조건 없이 아이를 보살펴야 한다는 것이다.

리허설

참만남(encounter)을 돕는 것은 치료관계의 안정성을 기하면서, 많은 피드백을 통해 학생이 새로운 행동을 연습할 수 있도록 하는 좋은 기회를 제공한다. 예를 들어, 한 학생이 토론 클럽에서 더 즐거운 시간을 가질 수 있을 것이라고 생각하기 때문에 축구(학생이 싫어하는 스포츠) 대신에 토론 클럽에 가입하고 싶어 하는 것에 대해 아버지에게 말하는 것을 두려워한다고 해 보자. 교사는 그 학생이 아버지가 직장에서 집으로 돌아왔을 때 나누어야 할 대화를 연습하도록 돕는다.

> 교사 : "좋아, 내가 너의 아버지라고 가정해 보자. 나에게 말하고 싶은 것을 말해 보렴."
>
> 학생 : "못하겠어요. 아버지는 제 말을 들으려 하지 않으니까요."
>
> 교사 : "지금 시도조차 하고 싶지 않다는 말이니?"
>
> 학생 : "음… 그런 것 같아요."
>
> 교사 : "꼭 그런 것 같이 들리지는 않는데."
>
> 학생 : "네. 맞아요, 사실 저는 아버지와 이야기하고 싶어요."
>
> 교사 : (아버지 역할을 하면서) "얘야, 나한테 뭐 하고 싶은 얘기가 있니?"
>
> 학생 : "음… 저는… 단지 …에 대해 이야기하고 싶은데… 음… 아녜요. 그냥 신경 쓰지 마세요."
>
> 교사(지지를 하면서) : "글쎄, 이건 어쨌든 시작일 뿐이야. 이번에는 네가 말하고 싶은 것을 말해 보렴. 아버지가 어떻게 반응할지에 대해서는 두려워하지 말고."

이러한 코칭 대화가 계속됨에 따라 아이는 의사전달을 하는 데 가장 중요한 것이 무엇인지를 명확히 하는 데 도움을 받는다. 그리고 시도해 볼 전략에 대한 피드백도 받는다. 가장 중요한 점은 그가 더욱 효과적인 방식으로 행동할 수 있도록 연습하는 기회를 가지는 것이다. 즉, 위의 경우 아버지와 맞서서 아이가 원하는 대로 되지 않더라도 삶에서 스스로 노력하는 경험을 하는 것이다.

과업 촉진

우리가 학생을 위해 할 수 있는 가장 중요한 일 중의 하나는 학생이 새로운 방식의 행동을 할 수 있도록 용기를 불어넣는 것이다. 대부분의 상담적 접근방식에는 내담자가 치료상의 과업을 완수하는 것이 포함되어 있다. 분명히, 이전 사례에서의 학생은 아버지와 이야기를 하는 것을 무척이나 꺼렸다. 우리가 주저하지 않고 용기 있게 행동하는 것을 '성공적 결과'라고 정의한다면 그 학생은 아버지가 자신의 제안에 어떤 반응을 보이든, 자기 자신에 대해 좀 더 좋은 느낌을 가질 것이다.

많은 상담 회기는 매우 중요한 문제를 내담자에게 묻는 것으로 마무리된다. "그래서 오늘 우리가 이야기한 것을 고려할 때, 이번 주에는 무엇을 할 것입니까?"

중요한 점은 '실행하는 것'이다. 왜냐하면 대화만으로는 지속적 변화를 촉진시키기에 충분하지 않기 때문이다. 도움을 주는 대화를 통해, 사람들은 그들이 무슨 일을 하고 있는지, 그리고 어떻게 자기 파괴적이 되며 왜 여전히 이런 행위를 계속하고 있는지에 대해 완벽히 이해할 수 있게 된다. 상담 회기가 어떻게 구성되든 학생이 원하는 목적에 더 가까이 다가갈 수 있도록 그들이 의도하는 행동이 무엇인지를 묻는 것이 좋다.

앞에서 살펴본 요소는 일반적인 상담활동의 일부분이다. 상담 전문가의 이론적인 설득 여부와 상관없이 말이다. 우리가 학생과의 상담에 관련된 것이 무엇인지를 더 깊이 살펴볼수록, 이는 대부분의 전문가가 보편적이라고 동의하는 일반적인 접근방식이라는 것이 판명된다. 더 많은 경험을 얻고 훈련을 쌓을수록 당신은 이 일반적인 접근방식을 당신의 성격, 가르치는 스타일 및 학생 수에 따라 더 적합한 접근방식으로 바꾸어 적용할 수 있다.

상담 과정에 대한 재검토

모든 문제 해결 노력이 직감적으로 발견되는 것과는 달리, 상담 과정은 일련의 논리적이고 순서적인 단계를 따른다. 비록 이들 구성요소가 마치 개별 부분인 것처럼 보일지라도 말이다, 사실, 그 경계는 당신이 어떤 단계에 있는지 결정하기 어려운 시점에서 자주 겹쳐보이곤 한다. 중요한 점은 전체적인 흐름을 아는 것이다. 해당 과정에서 당신의 현재 위치를 파악했으면 어떻게 돕는 활동이 이루어지는지, 학생이 일반적으로 거치는 단계가 무엇인지, 그리고 어디를 향해 가고 있는가에 대한 상담의 청사진에 대해 검토할 필요가 있다.

또한 상담의 여러 다른 접근방식이 상담 과정의 각 단계와 연결된다. 앞으로 검토할 각각의 상담기술은 언제든지 사용할 수 있지만, 일반적으로 이러한 기술은 특정 단계에서 더 많이 사용된다. 예를 들어, 탐색 단계에서는 더 많이 질문하게 되고, 실행 단계에서는 목표 설정을 더 구체화하게 된다.

문제 분석

도움을 주려는 노력을 하기에 앞서, 당신은 어떤 일이 진행되고 있는지에 대해 어느 정도는 알고 있어야 한다. 상담가와 치료자는 이를 '주 호소 문제에 대한 이해'라고 하는데, 이는 아이가 괴로워하는 것을 설명하도록 돕는 단순하고도 체계적인 노력이다. 또 아이의 걱정거리와 관련하여 중요한 배경 정보를 수집하는 것도 중요하다.

학생이 자신을 우울하게 만드는 요인을 말하고 이에 대해 어떻게 해야 할지 당신에게 물어본다면, 이 문제를 해결하기 앞서 먼저 분류해야 할 많은 것들이 있다. 처음에는 다음과 같이 물을 수 있다. "'우울함'이라는 것이 무엇을 의미하지?" 여기에는 많은 설명의 여지가 있다. 자살에 대한 생각을 불러일으킬 수 있는 만성적이면서 고질적인 우울증 유형인지, 아니면 어떤 것에 대한 좌절감을 맛보고 있는 것인지 말이다.

당신이 상상 속에서 이런 판단 과정을 거치고 있을 때에, 당신에게 필요한 기술이 많이 생기게 될 것이다. 다음 장에서는 특정 기술을 매우 상세히 검토할 것이다. 하지만 지금 우리는 그보다 먼저, 다양한 단계에서 어떤 기술이 중요한가를 설명하려고 한다. 우선, 문제인식 과정과 가장 관련이 많은 상담기술은 다음과 같다.

1. 문제의 본질을 연구하고 관련 정보를 수집하여, 학생으로 하여금 그들의 경험을 계속 설명할 수 있도록 하는 질문을 하는 것
2. 학생의 생각과 감정을 고려하여 더 깊은 수준의 탐구를 권장하며, 들은 내용에 대한 당신의 이해를 전달하는 것
3. 당신과 학생이 주요 주제에 대해 동의할 수 있도록 제시된 내용을 분명히 하는 것

실제 진행 장면의 한 예로서, 어떤 아이가 당신에게 와서 자신은 친구가 별로 없어서 기분이 안 좋다고 말하는 것을 상상해 보자. 당신이 이 아이를 돕기 전에 알고 싶은 것은 무엇인가? 다음은 고려해야 할 몇몇 질문이다.

- 친구가 많지 않다는 것이 무슨 뜻이지?
- 너와 가까운 친구는 누가 있지?
- 이 어려움을 해결하기 위해 너는 지금까지 어떻게 노력했니?
- 기분이 안 좋을 때 뭘 하니?
- 너의 걱정거리에 대해 누가 알고 있니?
- 내가 너를 돕기 위해 무엇을 하면 좋을까?

반영기술을 활용하면 위와 같은 질문을 아이에게 직접 묻지 않고도 아이가 현재 자신이 가진 문제에 대해 더 면밀히 생각해 보도록 할 수 있다. 결국, 당신과 아이 모두 그 아이가 무엇에 대해 고민하고 있는지, 그리고 그 문제의 어떤 부분에서 가장 도움이 필요한가에 대해 더 분명한 생각을 갖게 될 것이다.

탐색

제시된 불만사항을 확인했으면 다음 단계는 이 걱정거리가 아이의 삶의 다른 부분과 어떤 관련이 있는지 발견하기 위해 더 깊이 파고들어 생각해 보는 것이다. 반영기술의 지속적 사용은 아이가 무엇을 느끼고 생각하고 있는가를 확인하는 데 도움이 되는 방법이다. 상위 수준의 공감기술을 적용하면 이 아이로 하여금 자신의 경험에서 숨겨져 있던 미묘한 것에 도달하도록 할 수도 있다. 공감은 당신이 누군가의 입장이 되어 그 사람이 무엇을 경험하고 있는지를 알아차리는 것이다. 이 탐색 단계의 목적은 당신의 감각과, 아이의 경험에 대한 이해를 통해 아이가 더 깊은 의식 수준으로 이동하게 하는 것이다.

친구가 없는 소년은 외로움과 함께 친구로부터 소외당하는 감정의 깊이에 대해 탐색할 수 있다. 이 소년은 자신이 얼마나 친한 친구를 그리워하는지, 그리고 얼마나 이 상황을 변화시키고 싶어 하는지 인식할 수 있다. 이러한 교사의 탐색을 통해, 매우 사이좋게 지냈던 이웃으로부터 자신을 멀리 떼어 놓은 부모를 향해 아이가 느끼는 노여움의 일부를 분명하게 알아낼 수 있다. 이 대화를 나누기 전에 아이는 오랜 친구를 잃어버린 것에 대해 자신이 아직도 얼마나 슬퍼하는지, 그리고 자기의 의사와 상관없이 그 친구와 멀리 떨어지게 된 것에 대해 자신이 얼마나 분개하고 있는지 말하지 못했다.

이해

한 사람의 감정과 생각을 더 깊이 탐구하면 할수록 이 과정의 결과로서 발생하는 통찰력은 더 심오하다. 이 순간, 조력자 역할을 하는 교사는 직면, 해석, 자기 개방 및 정보 제공 등의 더욱 활동적인 기술을 사용하여 그 아이가 이 어려움을 형성하는 데 있어서 자신이 어떤 역할을 했는지 이해하도록 도울 수 있다. 더욱이, 통찰은 일반적으로 왜, 그리고 어떻게 문제가 발생했는지, 그 아이가 파괴적 행위(sabotage)를 개선하기 위해 무엇을 하고 있는지, 그리고 그의 인생에서 어떤 주제가 반복되는지에 대한 이해를 중심으로 형성된다.

상담을 통해 이끌어 낼 수 있는 통찰의 유형

- 깊은 감정 인식하기 : "저는 그것에 대해 제가 그렇게 화가 난 줄 몰랐어요."
- 무의식적 욕구 파악하기 : "제가 선생님께 화가 났을 때, 저는 저를 좌절케 한 엄마에 대해 정말로 화가 난 것이 떠올랐어요."
- 특정 행동에 대해 주의하는 것을 배우는 것 : "저는 제가 말을 끝맺을 때마다 목소리를 높여서 모든 것을 질문화하고 있었다는 것을 깨닫지 못했었어요."
- 거부당한 이유를 자신의 탓으로 돌리는 것 : "저는 그리 좋은 사람이 아닌 것 같아요. 종종 장난도 심하고, 즐거움을 위해 무질서하게 만들기도 하니까요."
- 자기 파괴적인 행위로 얻어지는 숨겨진 결과 이해하기 : "저는 결코 우울한 상태를 지속하는 것이 제게 유리하다고 생각해 본 적은 없어요. 하지만 지금 생각해 보니 우울하면 좀 더 많은 공감을 얻을 수 있었던 것 같아요. 사람들이 내게 기대를 많이 하지 않는 것도 좋고요. 그리고 우울할 때에는 제 마음대로 언제든 짜증 낼 수도 있지요."
- 비합리적 사고에 직면하기 : "그래요. 생각해 보니 솔직히 제가 야구팀에서 방출 당하는 건 그렇게 심각하게 두려운 일은 아니네요. 다만, 선생님이 말씀하신 것처럼 제가 열심히 노력했는데도 결과가 안 좋아서 조금 실망스럽습니다."
- 자신이 처한 현실에 대한 대안적 견해 만들기 : "시작한 일을 제대로 마무리하지 않은 경우가 가끔 있긴 하지만, 그것 때문에 제가 지금 완전히 실패한 건 아닌 것 같아요."

앞서 외로움을 느꼈던 아이는 지금까지 자신이 살아온 삶이, 앞으로 만들어 갈 삶

과 비교해 좋지 않다는 것을 깨달았다. 사실, 아이는 그 전에 살던 동네에서도 역시 무척이나 외로웠다. 친구가 많아 보였던 것은 단지 집 근처에 아이들이 많이 있었기 때문이다. 아이는 여전히 다른 사람과 가깝게 지내지 못한다. 따라서 그는 자신이 처한 어려운 상황에 대해 좀 더 책임 있게 행동하기로 결심했다. 아이는 지금까지 자신이 사람으로부터 거절당할까 봐 두려워하고 있었음을 깨달았으며, 다른 이들이 자신을 거부하기 전에, 자신이 먼저 사람들을 겁주곤 했다는 것을 알게 되었다. 또한 관계 형성을 방해하는 자기 파괴적 행위에 대해서도 알기 시작했다. 누군가 자신과 놀기를 거절할 때마다, 부정적으로 생각하고, 잘못된 결과를 지나치게 과장했던 것이다. 마침내, 교사는 아이가 다소간의 위험을 무릅쓰고 몇몇 새로운 행동 방식을 시험한다면, 삶의 전체 패턴을 변화시킬 힘을 자신이 가지고 있음을 이해할 수 있도록 도왔다.

실행

비록 이해와 통찰이 훌륭한 기술이지만 자신의 행동을 변화시키려는 실행 없이는 이해와 통찰은 그 영향력을 상실하게 된다. 왜 그들이 엉망이 됐는지 완벽하고 분명하게 이해를 하는 사람은 많다. 하지만 그들은 자신의 방식을 변화시키려는 어떤 행동도 하기를 거부한다. 따라서 돕기의 조치 단계는 아이들이 알고 있고 이해하고 있는 것을 그들이 원하는 것을 할 수 있는 계획으로 변환하는 것을 도와주는 것이다.

　이 과정의 첫 번째 부분은 아이들이 자신이 달성하려는 목적을 설정하는 것이다. 다음은 문제 해결부터 역할 연기에 이르기까지 다양한 기술을 사용하여 교사는 아이가 실행 가능한 대안적 행동 목록을 만들고, 목록의 범위를 좁혀 가장 현실적이며, 매력적인 대안을 찾아 선택한 의도에 따라 행동하게 돕는다.

　외로운 소년은 그가 할 수 없거나 하고 싶지 않은 일을 할 수 있도록 도움을 받는다. 다음과 같은 두드러지는 행동이 있다. ① 새로운 관계를 시작한다. ② 거부를 받는 것에 대한 두려움을 극복한다. ③ 사람들이 그를 꺼리게 하는 행동을 그만둔다. 그는 이들 목적이 무엇을 의미하는지를 더욱 세부적으로 정의하도록 도움을 받는다.

즉, 관계를 시작하는 것이나 그로부터 사람들이 멀어지게 하는 일들을 더 세부적인 단계로 나눈다. 그런 다음 그는 최종 목적의 매우 작은 부분을 소화하여 천천히 그리고 점진적으로 진행해 나간다. 그는 수업시간에 친구와 즐거운 서신 교환을 시작하면서 또는 점심시간에 디저트를 나누어 먹으면서 시작할 수 있다. 여기서부터 그는 새로운 누군가에게 점심을 같이 하자고 요청할 수 있는 단계에까지 이르게 된다. 그가 스스로에게 던진 이러한 현실적인 문제를 연습한 후에 그는 누군가를 그의 집에 초대할 수 있게 되고, 더욱 중요한 점은 그 누군가가 올 수 없거나 오지 않더라도 불행하지 않을 수 있을 것이라는 점이다.

평가

조력 과정의 마지막 단계는 아이와 함께 목표에 도달한 정도를 평가하는 것이다. 진행상황에 대한 이러한 체계적인 평가를 통해 당신은 개입에 대한 영향을 측정하여 그 아이가 앞으로 할 일뿐만 아니라 이미 성취한 일의 목록을 만들도록 도울 수 있다.

시간과 기회가 한정된 교사로서, 이 과정을 모두 감당한다는 것이 어렵기 때문에, 전문가에게 상담을 의뢰하는 것도 아이를 도울 수 있는 매우 중요한 역할이라 할 수 있다. 만약 이조차도 할 수 없다면, 당신은 아이에게 추가적인 도움을 구하라고 권유할 수도 있을 것이다.

예를 들어, 다른 사람에 다가가는 데 어려움을 느끼는 한 여학생은 이를 극복하는 데 상당한 진전을 이룰 수 있었다. 여기서 중요한 점은, 아이가 자신이 처한 곤경에 대한 감정을 명확히 하고, 자신에게 이미 일어난 일에 매달리기보다 자신의 행동에 대해 책임감을 가지고 수용할 수 있도록 교사가 도왔다는 것이다.

아이는 수줍음 말고도 좌절에 대한 인내력 부족과 열악한 가정환경, 뜻대로 풀리지 않는 일에 대한 잦은 포기 등의 다른 어려움도 가지고 있었다. 이러한 복잡한 사항으로 인해, 확실히 진전은 있었지만 그 정도가 불규칙한 면이 있었다. 교사는 이 아이의 문제를 함께 해결할 시간이 부족하고, 더 깊은 수준까지 다룰 자신이 없음을 알았

조력 과정	
단계	기술
문제 분석	주의를 기울이기 귀기울이기 초점 맞추기 관찰하기
탐색	감정 반영하기 내용에 반응하기 면밀히 살피기, 질문하기 느낌/공감
이해	해석하기 직면하기 도전하기 정보 제공하기 자기 개방하기
실행	목표 설정하기 역할 연기 강화하기 의사결정하기
평가	질문하기 요약하기 보충하기

고, 평가를 통해 아이가 자신이 제공할 수 있는 것보다 더 많은 도움을 필요로 한다는 점을 알게 되었다. 교사는 아이에게 다른 사람과 상담을 하더라도 자신은 항상 옆에서 도와줄 것이라고 말했고, 결국 아이가 학교 상담자에게 의뢰하는 것을 받아들이도록 하였다. 이 과정에서 아이는 교사와 함께 문제를 해결하든지 또는 지역사회의 다른 사람과 문제를 해결하든지 간에 그녀 스스로 문제를 해결할 최선의 방법을 찾을 것이라고 확신하게 되었다.

상담 과정과 조력기술 간의 연결

이제 아이와의 상담 역할에 대한 큰 그림을 이해했으므로, 치료적 요소를 이용하여 조력적 단계를 실행하기 위한 다양한 기술이 필요하다는 것을 알 수 있을 것이다. 간혹 단 한 번의 대화로도 문제를 만족스럽게 해결할 수도 있지만, 대부분의 경우 문제 탐색에 좀 더 집중하고, 다음에 다시 이야기를 나누거나 다른 전문가에게 의뢰하여 보다 완벽하게 일을 수행하도록 하는 것이 더 현실적이라 할 수 있다. 당신의 주된 임무는 바로, 당신이 진심으로 관심을 가지고 듣는 숙달된 청자이며, 아이들의 경험을 이해하고, 그들이 기댈 수 있는 사람이라는 것을 학생에게 보여 주는 것이다.

제안 활동

1. 상담 전문가와의 관계와 친구와의 관계가 어떻게 다른지 정의한다.

2. 당신 인생에서 해결되지 않은 문제에 대해 생각하라. 상담 과정의 단계들을 적용하여 ① 문제 평가, ② 기존의 주제 및 이와 연결된 문제 이해, ③ 당신이 수행할 일에 대한 조치 계획, ④ 당신의 노력에 대한 결과를 평가하는 방법을 연습한다.

3. 조력 과정에서 비판단적이 되고 중요한 요소를 수용한다. 아이와의 대화에서 나오는 여러 개의 주제와 무엇에 대해 그들이 어떻게 느끼는지(낙태, 약물 사용, 섹스, 차별 등)를 식별하라. 아이가 당신 자신의 주장과 반대되는 주장을 표현하는 것을 상상하라. 비판적이고 판단하려는 태도를 피하는 반응을 공식화시켜라.

권장도서

Cochran, J. L., & Cochran, N. H. (2006). *The heart of counseling: A guide to developing therapeutic relationships.* Belmont, CA: Wadsworth.

Corey, M. S., & Corey, G. (2007). *Becoming a helper* (5th ed.). Belmont, CA: Wadsworth.

Deiro, J. A. (2004). *Teachers DO make a difference: The teacher's guide to connecting with students.* Thousand Oaks, CA: Corwin Press.

Gazda, G. M., Balzer, F. J., Childers, W. C., Nealy, A., Phelps, R. E., & Walters, R. P. (2005). *Human relations development: A manual for educators* (7th ed.). Boston: Allyn & Bacon.

Kottler, J. A., & Carlson, J. (2005). *Their finest hour: Master therapists share their greatest success stories.* Boston: Allyn & Bacon.

Sommers-Flanagan, J., & Sommers-Flanagan, R. (1997). *Tough kids, cool counseling: User-friendly approaches with challenging youth.* Alexandria, VA: American Counseling Association.

Welfel, E. R., & Patterson, L. E. (2005). *The counseling process: A multitheoretical integrative approach* (6th ed.). Belmont, CA: Wadsworth.

03

아동 문제의 분석

찬호가 교실 뒤편에서 고개를 숙였다. 때로 아이가 눈을 가늘게 뜨고 바라본 뒤 한숨을 쉬며 팔에 고개를 깊숙이 파묻는 모습이 보였다. 수업을 하는 내내 당신은 다음에 무엇을 해야 할지 집중하려고 했지만 이 아이에게 어떻게 해야 할지 몰라 걱정되는 마음을 금할 길이 없었다. 이 생각에서 미처 빠져나오기도 전에 이번엔 교실의 다른 편이 소란스러워졌다. 유진이가 아직도 낄낄대고 있는 지연이의 옆구리를 쿡 찔렀다. 이런 산만함이 다른 아이들의 주의를 끌었고, 뒤통수만 보인 채 엎드려 있는 찬호를 제외한 모든 아이들은 점점 더 들썩거리기 시작했다.

아이들이 거의 말을 듣지 않자, 당신은 갑자기 방식을 바꿔서 아이들에게 과제를 완성하도록 지시했다. 이제 모두가 얌전히 책을 펴고 종이와 연필을 꺼내 연습문제를 풀기 시작했다. 여전히 자신만의 세계에 빠져 있는, 어쩌면 잠을 자는 것처럼 보이는 찬호를 제외하고 말이다.

당신은 이 시점에서 무언가 해야 한다는 것을 알고는 있다. 하지만 찬호에게 다가가기 전에 도대체 무슨 일이 있었는지에 대해 몇 가지 생각을 정리할 필요가 있을 것이다. 이것은 찬호답지 않은 행동이다. 평상시에 찬호는 에너지가 넘치는 아이였고,

항상 제일 먼저 손을 들곤 했다. 하지만 지금 뭔가 잘못되고 있었다. 아이는 너무나 피곤해 보였다.

당신은 곧 마음에 떠오르는 몇 가지 가능성을 살핀다. 아이에 대해 개입하기 전에 당신은 어떤 문제가 있는지에 대한 몇 가지 가설을 세워야 하는 것이다. 아이가 피곤해서 그럴까? 그것이 가장 먼저 든 생각이었다. 아마도 찬호는 어떤 이유(가족문제나 가정의 큰 변화 등)로 인해서 밤에 잠을 잘 자지 못했을 수도 있다.

또 다른 가능성도 떠오른다. 아이가 우울해 보인다고 느낀 것이다. 곧 당신은 몇 가지 징후를 떠올린다. 아이는 힘이 없고 무기력해 보였다. 최근에 찬호는 어떤 활동에도 즐거워하는 것 같이 보이지 않았다. 갑자기 아이가 무척이나 슬퍼 보이고, 외로워 보이기 시작했지만 이것이 아이가 실제로 느끼는 감정인지, 아이를 지켜본 당신의 잘못된 판단인지 확신이 서질 않았다. 과연 찬호가 최근에 어떠한 실망감이나 트라우마를 경험한 것인지, 아니면 이와 같은 정서상태를 동반하는 신체적 증상을 겪고 있는 것인지 정확히 알고 싶어진다.

어쩌면 당신은 아이에게서 어떠한 우울이나 슬픔과 같은 모습을 전혀 찾아볼 수 없을 수도 있다. 이것은 어디까지나 가능성일 뿐이기 때문이다. 아이는 관심을 끌기 위해 그러는 것일 수도 있고, 도움을 바라서 이러는 것일 수도 있다. 어쨌든 어떤 이유로 인해 지금 찬호는 평소와는 다른 모습을 보이고 있다. 어쩌면 오늘 공부하는 내용이 지겨워서 그랬을 수도 있고, 작곡을 하거나 이야기를 짓느라 방해받고 싶지 않아서 그럴 수도 있다.

어쨌든, 당신은 온갖 추측을 하고는 있지만 결국 아이의 행동을 다룰 때에는 직접적인 대화가 유일한 방법이 될 것이다. 당신은 아이가 마음속에 있는 바를 솔직히 말하길 바라고, 최소한 학교 상담자에게 만큼은 이야기를 해 주길 바랄 것이다. 하지만 어떤 행동이 가장 적절한 방법인지 결정하기에 앞서 당신은 이 상황을 정확히 판단할 필요가 있다.

문제 증상 식별하기

문제 분석은 교사의 중요한 업무 중 하나이다. 당신은 학습부진, 인지기능 저하, 학습장애, 행동문제, 아동학대 등 아동의 수많은 어려움을 인식하기 위한 교육을 받은 바 있다. 하지만 이러한 어려움은 아이들이 일상생활에서 겪는 여러 가지 어려움 중 너무나 작은 일부분을 차지할 뿐이다. 아이들은 자율성을 확립하고 자신감을 갖고 유능한 사람이 되기 위해 고군분투한다. 그들은 신체적, 인지적, 정서적, 도덕적 성숙과 관련된 수많은 과도기를 겪으며 성장한다. 아이들은 가족과 또래의 압력으로부터 받는 스트레스에서 회복하고, 자신이 속한 세계에서 자신만의 자리를 찾기 위해 애쓴다. 또한 학교와 친구들, 학업과 미래에 대한 삶의 중요한 선택을 수없이 하곤 한다. 그리고 이 모든 것은 그저 아동이 직면하는 예측 가능하고 일상적인 문제일 뿐이다.

학급 구성원의 1/5은 아동기의 정상적 적응의 범위를 벗어난 정서적 어려움으로 고통 받고 있다. 이러한 아동들은 불안 수준이 높고, 많은 경우 만성적인 두통, 위장병, 궤양, 불면증과 같은 스트레스성 질환이나 정신병으로 발전하기도 한다. 우울증은 수동적이고 조용하며, 뒤로 물러나 있곤 하는 경향으로 인해 관심을 끌지 못하고, 종종 무시되곤 하는 학령기 아동에게서 흔히 볼 수 있다. 이 아동 중 일부는 잠재적 자살 가능성이 있거나 비정상적으로 많은 시간을 자살 계획에 쏟느라 온종일 칠판을 멍하니 노려보고 있곤 한다. 또한 섭식장애나 약물중독을 감추고 있는 아이들도 있다.

물론 당신은 이미 더욱 심각한 성격장애의 증후를 가진 아이에 대해 알아차렸을 수도 있다. 하지만 아이가 가진 문제의 대부분은 그 경고 신호를 알아차리는 훈련을 받지 못한 교사에게 무시되기 일쑤다.

아이들이 겪는 스트레스

전 생애에 걸쳐, 아이들은 나이에 적절한 발달과업을 완수하기 위한 도전 속에서 수 많은 스트레스에 직면하게 된다(표 3.1 참조).

탄생에서부터(이 자체가 역시 이미 놀라운 스트레스 사건이다.) 아이들은 자신이 쉽게 다룰 수 없는 수준의 새로운 도전을 해결하기 위해 끊임없이 노력하곤 한다. 환경에 훨씬 숙달되고, 더 많은 선택지를 가지고, 때로는 의약품의 도움을 받는 등 보다 다양한 대처기술을 가진 어른과는 달리, 아이들은 자신의 통제 범위를 넘어서는 문제 앞에서 종종 무릎을 꿇곤 한다. 부모, 교사 그리고 좀 더 나이가 많은 아이들은 그들에게 "뭐하니?", "언제 어떻게 할 거니?"라고 말하고 행동이 기대에 미치지 못할 때에는 벌을 내린다.

어린 아이가 과다한 스트레스를 나타내는 초기 신호가 몇 가지 있는데, 오줌 싸

| 표 3-1 | 발달단계와 주요 스트레스

단계	나이	발달과업	주요 스트레스
유아기	생후~만 3세	신뢰감 학습 먹기, 대화하기, 움직임, 말하기, 기어다니기, 걷기의 완성	욕구 충족, 신체 조절, 환경제약에 대한 무력감
초기 아동기	만 3~6세	또래 친구 만들기, 사회적 기술과 역할 배우기, 독립성 기르기, 자기 행동 조절하기, 성역할 배우기, 옳고 그름 배우기	좌절, 갈등, 죄책감, 자기 통제 다루기
학령기	만 6~12세	경쟁의식 발달, 기본적 가치 학습, 읽기 학습, 사회적 관계 형성하기, 형제관계에 적응하기, 추상화 추론 배우기	열등감, 학업 및 운동 수행 능력, 감정 조절, 만족의 지연
청소년기	만 13~18세	정체감 발달, 앞으로의 일에 대한 계획 세우기, 시간 관리, 성정체감 및 또래역할의 이해	사회적 압력, 약물, 감정기복, 호르몬 변화
초기 성인기	만 19~23세	친밀감 발달, 교육, 진로계획, 사랑하는 법 배우기, 우정 쌓기	외로움, 성정체감, 진로 혼란, 재정적 독립

기, 체중의 증가, 철회, 고립, 과잉행동, 갑작스럽고 설명할 수 없는 두려움, 무모함, 감정 폭발, 설명할 수 없는 신체적 문제, 회피, 공격적이고 폭력적인 행동, 텔레비전 또는 컴퓨터 게임으로의 현실도피, 혹은 약물중독과 같은 신호들이 그것이며, 이는 7살 또는 8살부터 나타나기 시작한다.

사춘기에는 더 심각한 발달상의 어려움이 호르몬의 변화와 신체의 변화, 사회적 압력과 함께 나타나게 된다. 이 시기가 가정과 학교, 친구와 가족에서의 압력에 적응하는 데에 가장 큰 어려움을 경험하는 때이기도 하다. 앞에서 언급된 어린 아이들의 역기능적 모습에 더해서, 사춘기 아이는 음주, 약물복용, 섭식장애, 문란한 성문제, 폭력집단 등 일시적인 즐거움을 주지만 심각한 부작용을 남길 수 있는 유혹을 극복해야 한다.

분석 과정 동안 교사의 역할은 단지 현재 아동이 삶에서 겪는 어려움을 찾아내기만 하는 것이 아니라, 이러한 문제를 견뎌낼 수 있는 수준과 기간을 판단하는 것까지 포함된다. 어떤 아이들은 스트레스를 주는 어려움을 극복해 내고, 결과적으로 더 강하게 성장하지만, 어떤 아이들은 어려움에 굴복해버리고 자기 파괴적 행동을 통해 교사의 관심을 끌고자 할 수도 있다. 따라서 교사는 이 신호를 제대로 볼 수 있어야 한다.

분석 과정

도움이 필요한 아동을 돕기 위한 치료 계획에서 가장 중요한 부분은 아이의 어려움을 정확히 분석하는 것이다. 예를 들어, 한 아이가 토론활동에 거의 참여하지 않고 교실에서 조용히 앉아 있다고 가정해 보자. 눈은 아래로 쳐져 있고, 어깨도 쳐져 보인다. 아이는 다른 아이들과 소통하지 않는 것은 물론이고, 교사와도 이야기를 나누려 하지 않는다. 이 아이는 정서적 문제가 있는 것일까, 아니면 원래 성격이 그런 것일까?

이것은 매우 중요한 질문이며, 딱히 정해진 대답도 없다. 아이의 행동은 여러 가지를 의미할 수 있는데 본래 부끄럼을 많이 타거나, 우울하거나, 따돌림을 받는다고 느껴서 그럴 수도 있고, 자폐증이나 정신분열증이라서 사람들과 어울릴 수 없거나 약물중독, 혹은 밤에 잠을 못자서 피곤하기 때문일 수도 있다. 심지어 아이의 문화권에서는 그렇게 행동하는 것이 사회적으로 적절하다고 생각하고 있을 수도 있다. 이러한 각각의 가능성 있는 진단은 모두 다른 중재방법과 전문적인 도움을 필요로 한다.

또한 아이에게 어떤 문제가 있는지 알아차리는 것만으로는 충분치 않다. 교사는 적절하다고 판단되는 행동을 하기에 앞서서 부모와 사회복지사, 학교 상담가, 정신과 의사 등과 연락을 취할지의 여부에 대해서도 생각해야 한다.

그리고 아이의 행동을 관찰하고, 그것이 어떤 문제를 암시하는지 결정했다면, 정신과 의사나 심리학자의 진단 방법과 마찬가지로 추론 가능한 가설을 좁혀나가면서 진단에 알맞은 행동을 시작하도록 한다. 교사가 하는 일은 심각한 문제가 있다면 그것이 무엇인지 확인한 후, 무언가를 하는 것이다.

본질적으로 당신은 자기 자신에게 다음과 같은 몇 가지 질문을 던질 수 있을 것이다.

- 이 아이의 행동에서 특이한 점이 무엇인가?
- 특정한 패턴을 관찰할 수 있는가?
- 보다 정확한 판단을 하기 위해서 어떤 정보가 필요한가?
- 이 문제에 대해 보다 구체적인 배경을 알기 위해 누구와 연락해야 하는가?
- 진행상황을 좀 더 확인하기 위해 시간을 끌 경우 예상되는 위험은 어떤 것인가?
- 이 아이는 지금 위험에 직면한 것으로 보이는가?
- 이 아이와 더 좋은 관계를 맺기 위해 할 수 있는 일은 무엇인가?

수많은 정서장애에 대해 정확히 진단하고, 각각 구분하여 적절한 치료법을 처방한다는 것은 어찌 보면 교사로서의 역할을 넘어서는 일일 것이다. 그보다는 연수를 받거나 슈퍼비전 경험을 쌓아서 문제를 가진 아이들이 보이는 징후를 포착하는 데 익숙해지는 것만으로도 충분히 유능하다고 할 수 있을 것이다. 다만 아이의 행동 몇 가지를 근거로 해서 아이를 규정하는 것을 피하기 위해 매우 조심해야 한다. 설사 그 진단이 정확할지라도, 한 번 내려진 진단은 매우 오랜 시간 동안 그 사람에 대한 선입견을 심어줄 수 있다. 예를 들어, 일단 '정서장애', '과잉행동', '학습장애' 또는 '반항장애'와 같은 딱지가 붙으면 이를 제거하는 것은 매우 어려운 일이다. 다시 말해, 정서적 문제에 대한 몇 가지 단서를 제대로 확인하여 밝히지 못하는 것도 문제지만, 설사 정서적 문제의 어떤 증거를 인식하는데 실패하는 것이 심각한 실수라 하더라도, '비전문가'가 제한된 정보와 훈련을 바탕으로 섣불리 아이를 진단하는 것은 엄청난 문제를 일으킬 수 있다는 것이다.

부가적인 정보 수집하기

일단 확실히 어려움을 겪고 있다고 여겨지는 아동을 보게 되었다면, 다음 단계는 관찰과 탐색을 통해 더 많은 정보를 모으는 것이다. 이러한 정보는 다음과 같이 여러 가지 방법으로 수집할 수 있다.

- 이전 학년 담임 교사와의 면담을 통해 얻은 기본 정보를 당신이 관찰한 내용과 비교해 본다.
- 그 아동을 가르쳤던 다른 교사와 의논한다.
- 그 아동의 문화적 배경을 알아보고, 당신이 관찰한 행동이 그 문화권에서 정상적인 것인지 확인한다.
- 학교생활기록부 등의 자료를 찾아본다.
- 아동의 친구와의 면담을 통해 현재 그 아동의 주변에서 어떤 일이 일어나고 있다고 느끼는지 그들의 생각을 들어본다.
- 부모와의 면담을 계획하여, 가정에 발생한 일은 없는지 확인해 본다.

● 가장 분명한 방법은 그 학생과 직접적으로 대화하면서, 당신이 그 아이를 걱정하고 있다는 것을 알려 주는 것이다.

충분한 훈련과 준비가 없다면, 아무리 관찰하고 많은 것을 발견해도 아이가 힘들어하고 있다는 사실 이상의 것을 알아낼 수 없을 것이다. 따라서 우리는 당신이 접할 수 있는 일반적 장애와 어려움에 대해 간단히 살펴보고, 그와 관련된 증상과 일반적 치료 전략을 제시하여 적절한 행동을 취하거나 전문가에게 의뢰할 수 있도록 정보를 제공하고자 한다.

모든 분석 과정을 실행함에 있어서, 상담가나 심리학자는 보통 다음과 같은 과정을 거치게 된다.

1. 아동의 세계, 즉 아동의 문화와 가족사, 현재 살아가는 주변 상황 등에 대해 친숙해지려고 노력한다.
2. 지능, 학업능력, 정서기능, 대인관계 기능, 도덕성, 행동 기능 등 여러 분야에서 아동의 강점과 약점을 파악한다.
3. 즉각적으로 눈에 보이는 문제뿐 아니라, 뒤에 숨어 있고, 인정하지 않는 부분까지 모든 문제를 파악한다.
4. 급성 증상과 문제를 야기시키는 스트레스 요인, 성격 유형 및 문제와 관련된 신체적 호소, 적응 기능 수준 등에 대한 진단을 구조화한다.
5. 아동과 상담자가 합의할 수 있는 목표에 도달하기 위한 치료계획을 세운다.

당신이 이런 분석 절차에 익숙하지 않더라도, 이러한 과정을 이해하는 것은 매우 중요한 일이다. 십중팔구 당신은 해당 아동을 맡게 될 전문가로부터 이런 중요한 환경 정보와 관찰 사항 등을 제공해 달라는 요청을 받게 될 것이다.

이제 여러 유형의 정서 문제를 살펴보면서, 제시된 단계를 어떻게 거쳐나갈 것인지 생각해 보도록 하자.

슬픔과 상실감

특징

아동이 가족의 죽음이나 이혼, 트라우마, 비극적 사건이나 삶의 큰 변화 등을 겪으며, 그 결과로 다소의 불안감을 느끼는 것은 정상적이지만, 이런 기분이 오래 지속되고 만성적인 불안으로 이어진다면 도움이 필요하다.

예시

한 아이의 할머니가 갑작스럽게 병을 얻어 사망했다. 이 아이에게는 자신을 늘 돌봐 주던 할머니가 가장 친밀한 가족이었다. 초기 애도기간이 지난 이후, 아이는 점점 더 악화되기 시작했고, 학교생활과 친구관계에서도 흥미를 잃게 되었다.

증상

병리적인 슬픔은 수개월간 지속되면서 심해지는 것이 특징이며 수면장애, 무기력, 우울, 식욕상실, 신체적 증상(두통, 위통, 메스꺼움, 장 통증 등), 혼란스러움, 악몽, 저림, 공포, 이탈행동 등을 포함한다.

일반적인 중재 방법

지지적이고 신뢰로운 관계 형성은 아동으로 하여금 자신의 미해결된 감정을 탐색하고 잘 표현할 수 있도록 돕는데 도움이 된다. 아동이 자신의 상실감에 대해 말하도록 격려하는 것이 중요하지만, 그 상실감에 더 푹 빠지도록 해서는 안 된다. 사람이 죽는다는 것이 그 사람을 영원히 '잃는 것' 이 아니라 또 다른 종류의 관계를 맺는 것(즉, 그 아이의 마음 속 깊이 '살아 있는 것')이라고 이해하도록 해 주는 것이 좋다.

범불안장애

특징

상식적인 반응 수준을 넘어서거나 자신의 조절범위를 벗어날 정도로 어떤 것에 대한 지나친 걱정과 불안을 보인다.

예시

늘 학교생활, 운동, 사회생활에 대해 걱정하고 괴로워하는 아이가 있다. 이 아이는 갑자기 사고가 나서 부모와 헤어질지도 모른다며 끊임없이 걱정하고 있다. 또 다른 일반적인 사례는 시험불안인데, 불안감 때문에 학업 수행 능력에 심각하게 지장이 있다.

증상

메스꺼움, 위통, 두통, 발한, 입 마름, 잦은 배뇨, 현기증, 흥분, 안절부절못함, 난폭함 등의 증상이 있다.

일반적인 중재 방법

우선 안심을 시키고, 이완훈련과 스트레스 관리법을 이용한다. 불안에 대해서 말할 기회를 주고 그런 것을 조절할 수 있는 대안을 배우도록 한다. 상담을 연계해 주고, 불안과 연관된 신체적인 질병을 다스릴 수 있도록 조언을 해 준다. 시험불안인 경우, 스트레스를 최소화하도록 환경을 구성하도록 한다.

공포불안장애

특징

특정한 상황을 기피하고 불안한 반응을 하는 것으로, 예를 들어 열린 공간(광장공포증), 부모로부터의 분리(분리불안), 사회적 상황(사회 공포증), 또는 거미, 뱀, 높은 장소와 같은 것(단순 공포증)에 의해 야기된다.

예시

한 어린 아이가 당황스러운 경험을 한 후 학교에 가는 것을 지속적으로 거부하기 시작한다. 아이는 억지로 집을 나서야 할 때에도 부모 옆을 떠나는 것을 거부한다.

증상

지속적인 두려움, 신체증상(땀, 심장박동, 떨림, 속이 메스꺼움, 경직, 현기증), 위협적인 자극 회피 등의 증상을 나타낸다.

일반적인 중재 방법

교사들은 인지 행동적 요소를 포함한 치료 프로그램을 계획할 수 있는 치료자와 밀접하게 협조하기를 원할 것이다. 어쩌면 가족상담이 필요하게 될지도 모른다. 학교 공포증의 경우 체계적 둔감법이 도입된다. 교사는 지지적인 분위기를 만듦으로써 도움을 줄 수 있다.

외상 후 스트레스 장애(PTSD)

특징

어떤 무서운 경험(폭력, 자연재해, 성적 학대, 강도, 유괴, 심각한 사고 등)의 결과로 기능이 감소되거나 무능력해진다.

예시

어느 날 한 어린이가 방과 후 집으로 돌아왔을 때 아버지가 심장 발작으로 바닥에 쓰러져 있는 것을 발견했다. 이 일이 있은 후로 그 어린이는 점점 더 냉담하고 무관심해졌으며, 결국 주변의 모든 것들에 대해 반응이 없고 감정이 없는 것처럼 보이게 되었다.

증상

사고 후 최소 한 달 이상, 계속해서 충격적인 사건이 되살아나고, 잠도 잘 못자며, 먹지도 못한다. 그리고 행동이 파괴적으로 변하고, 위축되며, 집중하지 못한다. 또한 맡은 일을 잘 못하고, 깜짝 깜짝 놀라며, 기억상실을 경험한다.

일반적인 중재 방법

외상 후 스트레스 장애 아동을 돕기 위해서는 많은 인내심과 지지, 확신이 필요하다. 교사는 상담자나 치료자에게 앞으로의 보살핌을 의뢰해야 하며, 일반적으로 가족 치료와 동시에 진행하도록 한다. 교사는 아이에게 안전하고 예상 가능한 환경을 제공해 줄 수 있는 학교의 지지체계를 확장시킴으로써 아이를 도울 수 있다.

우울장애

특징

전반적으로 기분장애가 있는 어린이는 내성적이며, 여린 감정과 함께 슬픔을 많이 느낀다. 우울에는 여러 가지 종류가 있다. 내인성 우울(endogenous depression)은 신체의 신경화학적 불균형이 원인이 되는 생물학적 장애이고, 기분저하증(dysthymia)은 만성적이기는 하지만 기분장애보다는 덜 심각한 것으로서 수면이나 식욕 또는 일상생활에 있어 심각한 장애가 없다. 반응성 우울증(reactive depression)은 슬픔, 생활변화에 대한 적응과 같은 고민상황이나 어떤 위기에 대한 민감한 반응으로 외상 후 스트레스 장애로 진단될 만큼 심한 것은 아니다.

특징

한 어린이가 얼마 전에 다른 도시에서 이사를 왔다. 아이는 겉으로 보기에 매우 조용하고, 말이 없으며 내향적으로 보인다. 때로 당신은 그 아이의 눈에 눈물이 글썽이는 것을 볼 수 있다. 아이는 대개 혼자 있고 다른 친구와 함께 놀려는 시도를 하지 않는다.

예시

경미한 경우 : 스트레스를 받을 만한 일이 없는데 기운이 없고, 집중을 못하며 자존감이 낮고 슬프다. 재발성 삽화경력은 없다.

심한 경우 : 일상생활에서 기능수준 저하, 식욕 감퇴, 수면장애, 체중 감소 또는 체중 증가, 무기력감, 위축감, 비참함, 절망감, 심사숙고, 자살사고, 자살경향 등을 보인다. 알코올 및 약물남용이 나타날 수 있다.

일반적인 중재 방법

경미한 우울을 가진 어린이의 경우, 자신의 어려움에 대해 생각하는 대안적인 방법을 배우고 감정을 표현하는 기회를 가지는 등 지지적 관계 형성이 이루어지면 매우 잘 반응할 수 있으며, 시간이 지나면 좋아지는 경우가 많다.

낮은 단계의 만성적 우울인 기분저하증은 다루기가 힘들다. 치료자는 일반적으로 지지적인 관계형성과 함께 인지 재구조화의 방법을 혼합하여 시도한다. 교사는 증상이 더 심각해지고, 고치기 어려워지기 전에 신속하게 전문가에게 의뢰함으로써 아동을 도울 수 있다.

한편, 심각한 내인성 우울은 적절한 개입이 없다면 생명이 위태로워질 수도 있다. 어떤 경우에는 심도 있는 심리치료와 함께 약물이 처방된다. 교사는 아이가 전문가의 도움을 받는 것을 결정하는 중요한 역할을 할 수 있다. 의뢰를 결정할 때, 이러한 모든 상황에서 아이에 대한 관심과 보살핌을 표현하고 아이로 하여금 자신이 필요로 하

는 도움을 받았다는 것을 확인하기 위해 사후점검을 할 것이라는 것을 알려 주어야
한다.

자살 가능성

어린이가 스트레스 상황에서 자살을 생각하는 것은 일반적인 일은 아니지만(물론 어
른도 마찬가지이다), 심각한 징후를 포착할 수 있는 위험 신호들을 정리해 보았다.

1. 학년 말(위험이 증가할 때)

2. 약물 또는 알코올 사용

3. 죽음에 대한 환상

4. 조력체계의 부재

5. 자살에 대한 구체적인 계획

6. 계획을 실행하기 위한 활용 가능한 도구(집에 있는 장전된 총 또는 수면제)

7. 자기 파괴적인 행동을 했던 경력

8. 울음과 같이, 도와달라고 해석할 수 있는 어린이의 몸짓

9. 친척 중에 자살한 경력이 있는 경우(수용할 수 있는 방법 모델을 제공)

10. 조증과 울증의 급격한 기분 변화

11. 아이의 외모나 학업성적의 눈에 띄는 변화

도시 아이들이 시골 아이들보다, 소수집단이 다수 집단보다 자살률과 자살 위험
이 더 높다는 것을 명심해야 한다(예를 들어 아메리칸 원주민과 같은 소수그룹은 평
균자살률보다 더 높다).

또한 예방이 결정적으로 가장 중요하다. 교사가 학급에서 모든 사람은 자신의 안
전에 대한 책임이 있다는 분위기를 만드는 것이 큰 도움이 될 수 있다. 자살을 시도했
거나 또는 폭력을 사용한 아이들의 90% 이상이 자신의 의도를 친구, 부모, 교사에게

이야기했다고 한다. 위험에 대해 아이들에게 알림으로써, 우리는 비극을 예방하는 데 있어 아이들의 협조를 얻을 수 있다. 그러나 자살과 관련한 예비행동으로 보이는 것이 늘 정확한 것은 아니므로, 아이가 위험에 처한 것이 의심될 때 조심하고 신중해야 하고 상담자에게 조언을 구하는 것이 좋다.

때로 학교에서 자살 사건이 있은 후에, 이를 다루기 위해 교사들이 체계적 프로그램에 참여하기도 한다. 이를 통해, 미처 관심을 갖지 못했던 모든 학생들(주변인의 자살을 경험한)이 받은 엄청난 충격을 다룰 수 있다. 이처럼, 어떤 비극적 사건이 발생했을 때에, 교사는 학급의 학생이 이 일에 대한 자신의 반응을 이야기할 수 있도록 하고, 이에 대해 토론하도록 시간을 줘야 한다. 이야기를 마무리 한 후에는, 예정된 수업으로 돌아와 초점을 맞추는데 노력을 기울여야 한다. 이것은 매우 비극적인 일이 있음에도 불구하고 삶은 계속된다는 메시지를 전달하는 연속의 감각을 제공하는데 매우 중요하다.

주의력 결핍 및 과잉행동장애(ADHD)

특징

일반적 수준을 넘어서는 충동성과 참을성 없음, 부주의가 특징이다. 이러한 행동이 집에서뿐만 아니라 학교나 다양한 상황에서도 명백하고, 집중하거나 주어진 과제를 수행하는 아이의 능력에 심각한 영향을 준다.

예시

한 아이는 분명히 지능이 높은데도 불구하고 학교 성적이 저조하다. 그 아이는 항상 침착하지 못하고, 지치지도 않고 쉼 없이 이리저리 관심이 왔다갔다하며 에너지가 넘친다. 학교에서 특정한 과제에 더 집중해야 하면 할수록 아이는 점점 더 혼란스러워한다.

증상

침착하지 못하고, 안절부절 못하는 행동을 하며, 잠시도 한 장소에 머무르지 못한다. 쉽게 주의가 산만해지고, 학급에서 충동적인 행동을 하며, 좀처럼 주어진 과제를 완성하지 못한다. 또한 집중력이 분산되고, 과도하게 말을 많이 하며 다른 사람들을 끊임없이 방해하고, 지시를 따르거나 듣는데 어려움을 보인다.

일반적인 중재 방법

아이의 주의집중이 수준에 적합한 구조화된 개인 과제, 명확한 규칙의 제공, 심한 경우에는 약물치료가 일반적인 개입에 포함된다. 이를 통해 일반적으로 아이는 상황에 맞는 사회적 기술과 긍정적인 태도를 발달시키는 것을 계속 배운다.

품행장애

특징

주어진 규칙에 거의 상관하지 않고, 지속적으로 다른 사람의 권리를 침해하는 행동양식을 보인다. 이런 어린이들은 파괴적이고 폭력적이며, 반사회적인 행동을 하고, 심하게 공격적이며 심지어 잔인한 것처럼 보이기도 한다.

예시

한 아이가 자기 뜻대로 되지 않을 때 짜증을 부리며 분노를 참지 못하고 폭발한다. 그 아이는 다른 친구들의 감정을 알아차리지 못하는 것처럼 보이며 마구 성을 낸다. 아이는 종종 싸움을 하고, 다른 사람의 것을 훔치거나 어떤 것이든지 자기 마음대로 하려고 한다. 게다가 자신의 행동에 대해 뉘우침이나 죄의식을 보이지도 않는다. 아이는 자신이 원할 때마다 하고 싶은 대로 해도 된다고 허락을 받은 것처럼 느끼고, 다른 사람들을 자신의 하인이나 노예로 보는 것 같다.

증상

또래나 동물에게 잔인한 양상을 보이며, 싸움을 자주 한다. 다른 사람의 재산을 고의로 파괴하거나, 혼자 또는 다른 사람의 리더로서 공격적인 행동을 한다.

일반적인 중재 방법

불복종할 때에는 즉각적이고 강제적인 엄격한 한계를 설정할 필요가 있다. 보다 힘든 과제 수행을 통해 화를 견디는 능력을 증진시킬 수 있으며, 일관성 있는 양육방법을 갖도록 하기 위한 가족상담도 필요하다. 심각한 경우에는 병원에서 입원치료를 하기도 한다.

적대적 반항장애

특징

다소 약한 수준의 반항장애와 비슷한 것으로, 적대적, 반항적, 비협조적 행동을 보인다. 이러한 행동은 늘 나타나는 것이 아니라 집이나 특정 수업시간, 특정 사람과 있을 때나 특정한 자극이 주어졌을 때와 같이 특정한 상황에서만 보이기도 한다. 아이는 자신을 위해 다른 사람을 상처 입히거나 타인의 권리를 무시하기도 한다.

예시

당신이 아이에게 뭔가를 시켰을 때, 아이는 무례하고 적대적일 뿐 아니라 흉악스러울 정도로 대들었다. 뭔가 시키기라고 할라치면, 아이는 드러내 놓고 거부했고, 혹은 그와 반대되는 행동을 의도적으로 하기도 했다. 당신은 지금 아이가 뒤통수에 대고 욕하는 소리를 들으며 당신과 당신의 모든 것을 업신여긴다는 느낌을 받고 있다.

증상

쉽게 화내고, 성인과 논쟁한다. 공격적 패턴을 보인다. 다른 이에게 앙심을 품고 쉽게 분노한다. 항상 욕을 하고 심하게 반항한다.

일반적인 중재 방법

한계를 설정하되 힘으로 밀어붙이려 하지 않도록 한다. 지금까지 아이가 적대적 행동을 하는데 당신의 영향도 있지는 않았는지 살펴보도록 하자. 왜냐하면 당신 또한 갈등의 일부분을 차지하고 있기 때문이다. 보다 공감적 관계 속에서 덜 방어적으로 아이의 행동을 바라보기 위해 개인면담을 계획하도록 한다. 품행장애를 겪는 아이들과는 달리, 이 아이들은 자기존중감 향상, 화나는 감정 참아내기, 정서의 통제와 공격성 등에 관한 교사의 체계적 접근에 대해 비교적 잘 반응하는 편이다. 또한 아이들은 이 과정에서 권위적 인물과의 협조적 관계를 발달시킬 수 있기 때문에 상담에서도 좋은 결과를 기대할 수 있다.

섭식장애

특징

섭식장애는 음식과 연관된 부적절한 집착과 심각한 체중 감소(신경성 식욕부진), 폭식과 구토를 반복하거나(폭식증), 혹은 페인트, 분필, 석회, 종이, 나뭇잎 등의 자양분이 없는 물질들을 먹는(이식증) 특징이 있다.

예시

당신 학급의 꼬챙이처럼 마른 여자아이가 친구에게 자신이 너무 뚱뚱하다고 말하는 이야기를 듣게 되었다. 아이는 자존감이 낮아 보인다. 당신은 한때 뚱뚱했던 그 아이가 남자친구와 헤어지면서 살을 빼기 시작했던 것을 떠올렸다.

증상

식욕부진과 폭식증은 대부분 여자아이(특히 사춘기이거나 완벽주의자, 살을 빼기 전 경도 비만이었던 아이, 음식 섭취에 대한 지나친 걱정으로 거의 먹지 않는 습관을 가지거나 왜곡된 신체상을 가진 아이)에게서 많이 나타난다.

일반적인 중재 방법

사실 아이의 친구들과 가족들이 대부분 아이의 비정상적인 식습관에 대해 알고 있으므로, 교사는 이러한 장애로 예상되는 위험한 결과와 문제에 대해 아이에게 교육을 시킬 수 있다. 심각한 경우에는 병원치료를 하지 않으면 치명적일 수도 있다. 이보다 다소 덜 심각한 경우에는 가족상담과 행동수정 치료가 효과적이다.

정신분열증

특징

환청, 망상, 기괴한 행동 등을 보이며 현실감각이 와해된 것이 특징이다. 증상의 지속 기간과 미묘한 변화 등에 따라 다른 진단도 가능하지만(단기 정신증적 장애), 당신은 아이가 보이는 증상과 정상적 기능수준의 편차를 정확히 알 수 있어야 할 것이다.

예시

한 사춘기 소녀가 학교에서 점점 이상하게 행동한다. 다른 아이들은 아이를 놀리고 무서워하며 피한다. 다른 아이들이 아이를 괴롭히는데, 아이는 어떤 것도 느끼지 못하는 것처럼 보인다. 아이는 무의미한 말을 하며 창밖을 멍하게 쳐다보고, 때로는 목소리가 들린다고 말했다.

증상

최소 일주일 이상 비정상적 행동이 지속되며, 환청이나 망상이 나타난다. 앞뒤가 맞지 않는 말을 하고, 부적절한 정서적 반응을 보이며, 이상하고 망상적인 믿음을 가지고 있으며 사회적 철회와 이상한 행동이 나타난다.

일반적인 중재 방법

조금이라도 빨리 개입할수록 더 나은 예후를 기대할 수 있지만, 역으로 증상이 오래될수록, 아이가 회복될 가능성은 낮아진다. 이에 대한 치료는 보통 망상을 통제하기 위한 단기 병원 치료와 약물 복용, 아이의 재적응을 위한 심리치료 등으로 이루어진다. 조기발견이 회복에 중대한 영향을 주는 만큼, 교사는 전문가에게 의뢰함으로써 아이를 도와야 한다.

약물남용 장애

특징

알코올, 마리화나, 코카인, 신경안정제, 암페타민, 그 밖의 다른 약물을 습관적으로 사용하거나 의존, 중독된 상태로 정상적 기능이 손상된 것이 특징이다.

예시

학급의 한 학생은 늘 졸고, 깨어 있을 때에도 무기력해 보인다. 눈이 멍하고 발음도 불분명하다. 이러한 행동과 함께 학업성적도 최근 몇 주간 계속 떨어지고 있다. 당신은 아이가 어울려 다니는 아이들이 알코올이나 약물을 가까이하는 무리라는 것을 알게 되었다.

증상

정신활성물질 사용 빈도가 많아지고 양도 늘어난다. 복용하는 약물의 양과 빈도가 통제수준을 벗어난다. 약물에 대한 생각을 하느라 많은 시간을 보낸다. 학교나 사회 활동을 하지 못한다. 발음이 무뎌지고, 비틀거리며 걷는다. 눈빛이 멍하고 충혈되며, 짜증을 잘 내고, 과잉활동 혹은 무기력한 모습이 보이는 등 기능장애를 나타낸다.

일반적 개입

교사와의 조력적 관계는 학생이 자기 파괴적 습관으로부터 빠져나올 수 있는 촉매제가 될 수 있다. 이러한 문제는 신체적 습관이나 중독과 함께 아이가 속한 또래집단의 사회적 강화를 모두 포함하고 있기 때문에 치료하기가 매우 힘들다. 약물중독 장애에 대해 전문가에게 의뢰하는 것이 좋은데, 이는 학생이 완전히 회복하기 위해서는 삶에서 반복되던 것에 대한 극적인 중단이 필요하기 때문이다. 종종 가족상담, 개인상담, 재교육과 함께 단기 병원 치료가 적합하다. 예방이 가장 좋은 치료이며, 교사는 감당할 수 없는 수준이 되기 전에 위험을 다루는 중요한 역할을 맡아야 할 것이다.

강박장애

특징

강박적 생각이 자꾸 떠오르거나, 반복적 행동을 하고 싶은 충동이 자신의 통제 범위를 넘어서는 것이 특징이다. 이들은 다른 걱정을 잊고자 이런 행동을 하기도 하고, 무의식적으로 의례적 행동을 하기도 한다.

예시

한 아이가 뭔가 일을 시작하기 전에 책상을 구석구석 꼼꼼하게 정리한다. 아이는 모든 물건이 완벽히 제자리에 있기 전에는 어떤 일도 할 수 없다. 이처럼 물건 정리에 대한 비정상적인 염려로 인해 아이는 거의 공부를 할 수 없다.

증상

강박적 행동이나 사고가 되풀이되며, 이를 통해 불안을 줄이고자 한다.

일반적인 중재 방법

초기 수준의 강박적 사고나 행동이 관찰될 경우, 이를 어떻게 하느냐에 따라 달라질 공산이 있다. 이 경우, 행동치료가 흔히 쓰이는 중재 방법이며, 약물 복용도 역시 효과가 있다.

신체화 장애

특징

명백한 신체적 원인이 없이 신체적 불편감을 오랫동안 호소한다. 이 장애는 스트레스에 대한 신체적 반응이라고 할 수 있다. 이러한 증상 때문에 아이는 괴로워하며, 아이가 괴롭다고 표현하는 것은 거짓말이 아니다.

예시

한 아이가 항상 배가 아프다고 말하곤 한다. 아이는 병원에 자주 가봤지만 특별한 원인을 찾을 수 없었다.

증상

특별한 원인을 찾을 수 없으나 계속적으로 몸이 아프다고 한다. 가장 흔한 증상에는 복통, 두통, 요통 등이 있다.

일반적인 중재 방법

의학적 상태로 인한 고통일 가능성을 온전히 배제해 버리고 증상 자체에 집중하기보다 친구관계나 학교에서의 생활을 개선하는 데 집중하도록 한다. 스트레스 완화 전략을 적용하고, 불안의 근원을 알기 위해 개인 및 가족 치료를 하도록 한다.

가장성 장애

특징

관심을 끌거나 동정을 얻고, 때로는 의무를 기피하기 위하여 환자 행세를 하며 의도적으로 아픈 척한다.

예시

아프다며 학교를 자주 빠지곤 하는 아이가 있다. 하루는 아이가 배가 아프다며 집에 가고 싶어 한다. 당신은 아이에게 조금 나아질 수도 있으니 잠시만 두고 보자고 말했다. 당신은 아이가 억지로 토하려고 몰래 애쓰는 것을 보았다.

증상

언제나 거짓으로 아픈 척 증상을 꾸미곤 한다. 이런 아이들은 언제나 관심을 받길 원하며 요구가 많고 남을 조종하고자 하는 성격을 가지고 있다.

일반적인 중재 방법

아이가 꾀병을 부려 얻을 수 있는 일종의 보상을 제거하도록 한다. 주의를 끌려고 하는 욕구의 근본 원인을 알기 위해 개인상담 및 가족상담을 받도록 한다.

성적 학대

특징

성적 학대는 여자아이가 약 25% 이상 더 많이 경험한 것으로 나타났다. 남자아이에게서 빈도수가 다소 낮게 나타나기는 하지만 이는 매우 큰 문제가 아닐 수 없다. 많은 사례들이 보고되지 않았으며, 이는 아이의 자존감과 발달, 학업수행에도 심각한 영향을 미친다. 또한 이로 인해 아이는 장래에 타인과의 관계와 관련한 문제를 더 많이 겪게 될 수 있다.

예시

당신이 가볍게 아이의 팔을 건드렸는데 아이가 깜짝 놀라 움츠렸다. 당신은 그 전에도 남성이 아이에게 다가갈 때마다 이러한 반응을 보이는 것을 목격한 바 있다.

증상

어른, 특히 부모를 두려워하고 집에 가기 싫어하며, 퇴행행동을 보이거나 철회하는 모습을 보인다. 밤마다 자주 악몽에 시달리고 가정생활에 대한 비밀이 많으며, 부적절한 접촉에 대한 이야기를 할 때도 있다.

일반적인 중재 방법

권위 있는 인물로부터 성적 학대를 받은 것이 의심될 때에는 이에 대해 조사할 필요가 있다. 가족상담을 할 때에는 가해자에 대한 별도의 치료를 해야 한다. 교사는 아이가 어른과 안전하고 신뢰할 수 있는 관계를 맺을 수 있도록 도와야 한다. 종종 아이들은 이 문제에 대해 상담하는 것이 일종의 배신이라고 생각하며, 죄의식을 느끼고 자존감이 낮아질 수도 있다는 것을 알아야 한다.

성격장애

특징

부적응적 특성이 지속적으로 보이는 것이 그 특징이다. 이러한 사람들은 이상하게 보이거나(편집증, 정신분열증), 극적이고 예측 불가능하게 보일 수도 있고(경계선 성격장애, 자기애적 성격장애, 히스테리성 성격장애, 반사회성 성격장애), 불안이나 공포를 보일 수도 있다(회피성 성격장애, 공격적 성격장애, 의존성 성격장애).

예시

상습적인 거짓말, 도둑질, 무단결석, 약물중독, 타인에 대한 학대 등의 행동 패턴을 보이는 아이가 있다. 아이는 비도덕적이고 책임감이 없으며, 당신은 물론 어느 누구도 아이의 행동을 제대로 통제할 수 없다.

증상

일상생활에서 자멸적이고 역기능적인 성격을 드러내는 행동이 계속해서 보인다.

일반적인 중재 방법

이러한 성격장애는 그 치료적 예후가 매우 좋지 않은 편이다. 특성 자체가 매우 안정적이고 오래된 것이며, 아이가 변화에 저항하기 때문이다. 이러한 아동들은 학급에서 최악의 문제를 일으키곤 하므로, 장기간의 심도 있는 개인상담이 필요하며, 때로는 집단치료나 가족 치료도 권장된다. 많은 경우, 교사는 아이가 학급 분위기를 해치지 않도록 하기 위해 전문가의 컨설팅을 받기도 한다.

적응장애

특징

최근 아이의 삶에 일어난 사건(가족의 죽음, 이사, 병, 관계 문제 등)으로 인해 스트레스를 받는 상황에서 발생한다. 하지만 이는 앞서 설명했던 외상 후 스트레스 장애에 비해 증상이 좀 더 약하다.

예시

예전에는 의욕적이고 아주 좋은 학생이었던 아이가 부모의 이혼 후에, 비협조적이고, 무례하며, 철회하는 성향을 보이기 시작했다. 요즘 아이는 슬퍼 보인다.

증상

아이의 삶에서 나타난 사건으로 인한 스트레스로 인해 불안, 우울, 철회, 행동적 변화, 신체적 불편감 호소, 학업성적의 하락 등이 나타난다.

일반적인 중재 방법

이 증상에는 교사의 따뜻한 염려가 가장 도움이 된다. 대부분의 아이들은 충분한 시간과 기회가 주어지기만 하면 스스로 회복할 수 있다. 다만 회복 기간을 단축시키기 위해 상담가에게 의뢰할 수 있으며, 조력 집단에 참여할 수 있다. 교사는 아이가 괴로워하는 것이 무엇인지, 기분이 어떤지에 대해 이야기해 보고 이를 이해함으로써 많은 도움을 줄 수 있다.

다행스럽게도, 이러한 정서적 어려움은 교사의 조력기술에 대해 잘 반응하여 좋은 결과를 기대할 수 있다.

분석은 어떻게 할 것인가?

일종의 정서적 어려움을 경험하고 있는 것으로 보이는 찬호(이 장의 맨 앞에서 언급했던 아이)와 같은 학생에게 대해 가설을 세웠다면 다음 단계에서는 여기에 걸맞은 조력 전략을 계획해야 할 것이다. 다음에서는 당신이 고려해야 할 몇 가지 문제를 제시하였다.

- 이 아이는 즉각적이고 결정적 도움이 필요한 심각한 위험에 처한 것으로 보이는가?
- 이 학생이 자살(자해)을 하거나 타인에게 상해를 입힐 위험이 있는가?
- 당신이 다룰 수 있는 정도의 문제인가, 아니면 다른 전문가에게 의뢰해야 하는 문제인가?
- 의뢰를 해야 한다면 누구에게 해야 할 것인가? 상담가인가, 학교 심리학자인가, 아니면 학교 사회복지사인가? 특수교사나 교장에게 의뢰해야 하는가?
- 만약 이 상황을 당신이 직접 다루어야 한다면, 당신이 할 수 있는 범위 내에서 이 아이에게 가장 적합한 접근 방법은 과연 무엇일까?

마지막 질문에 대해 당신은 분석의 대상이 된 아이의 문화적 배경과 함께 아이의 성격적 특성을 고려해야 할 것이다. 다음 장에서 다룰 상담기술은 앞에서 다룬 각각의 학생들을 대할 때 적용할 수 있는데, 이를 결정하는 기준은 그때의 상황에 가장 도움이 되는 것이 무엇인지, 가장 필요한 것이 무엇인지가 될 것이다.

제안 활동

1. 당신 자신에 대해 학습, 교육, 직업, 사회, 가족, 성격적 요인을 포함한 분석을 해

보도록 한다. 당신 자신의 발달에 대해 알아 보려는 체계적 노력을 통해 당신이 배운 점을 기록하라. 당신이 삶의 목적을 보다 분명히 하는 데에 이러한 과정이 어떻게 도움이 되는가?

2. 파트너와 이야기를 나누고, 몇 가지 특정 영역에서 그가 가진 강점과 약점에 대한 분석을 해 보도록 한다. 당신의 기록을 검토한 뒤, 가장 심각해 보이는 몇 가지 주제를 가려내도록 해 본다. 이러한 분석 결과에 대해 파트너에게 말하고, 피드백에 대한 반응을 활용하여 상대를 돕도록 하자.

3. 당신 친구들에 대해 조사해 보자. 지금까지 자라오면서, 그들은 교사가 어떤 식으로 행동했을 때 도움이 되었다고 느낄까?

권장도서

Capuzzi, D., & Gross, D. (2005). *Youth at risk: A prevention resource for counselors, teachers, and parents* (4th ed.). Alexandria, VA: American Counseling Association.

Fiorini, J. J., & Mullen, J. A. (2006). *Counseling children and adolescents through grief and loss.* Champaign, IL: Research Press.

Haslam, R. H., & Valletutti, P. J. (Eds.). (2004). *Medical problems in the classroom: The teacher's role in diagnosis and management* (4th ed). Austin, TX: Pro-Ed.

Jensen, P. S., Knapp, P., & Mrazek, D. A. (2006). *Toward a new diagnostic system for child psychopathology: Moving beyond the DSM.* New York: Guilford.

Kottler, J. A., & Chen, D. (2008). *Stress management and prevention.* Belmont, CA: Wadsworth.

McWhirter, J. J., McWhirter, B. T., McWhirter, E. H., & McWhirter, R. J. (2007). *At-risk youth: A comprehensive response for counselors, teachers, psychologists, and human services professionals.* Belmont, CA: Wadsworth.

Seligman, L. (2004). *Diagnosis and treatment planning in counseling* (3rd ed.). New York: Springer.

Wilmshurst, L. (2003). *Child and adolescent psychopathology: A casebook.* Thousand Oaks, CA: Sage.

04

조력기술의 개발

이번엔 아이들에 대한 반응기술에 대해 중점적으로 살펴보도록 하자. 사실 이 부분에 대한 성공 여부는 대화를 시작하기에 앞서 당신의 머릿속에서 일어나는 일에 달려 있다. 상담은 다른 상호작용과는 다른데, 이는 그 관계에 임할 때의 마음상태 때문이다. 상담은 참가자 모두 다른 사람이 말하는 것에 대해 의도적으로 집중하는 일종의 명상이라고도 할 수 있으며, 이로 인해 상담을 할 때에는 자신들과의 상호작용 이외에는 아무것도 또는 아무도 존재하지 않는 것처럼 보인다.

　　상담자와 심리치료사는 종종 마음을 읽는 것처럼 보인다. 사실 그들은 집중을 하고 말이나 몸짓을 통해 의미를 전달하는 것뿐인데도 말이다. 이처럼 타인을 향한 완전하고 완벽한 주의집중을 통해, 사람들이 다음에 무슨 말을 할지, 그리고 심지어는 그들이 무엇을 생각할지도 예측할 수 있다. 때로 이런 현상은 사람들이 자신의 생각을 분명하게 정리하기도 전에 일어나기도 한다.

　　상담을 시작하기에 앞서, 우선 걱정이나 배고픔, 오늘 마쳐야 하는 업무와 같은 모든 방해요소를 마음속에서 미뤄 놓고 맑은 상태를 만드는 것이 무엇보다 중요하다. 요가, 명상, 무술 또는 다른 명상적인 예술(여기에 상담도 포함된다.)에서는 참가자에게 활동을 시작하기 전에 심호흡을 하는 것이 권장된다. 깊이 숨을 들이쉬면 번잡하고 흐트러진 생각을 없애고, 막 시작하려는 상담에 자신을 집중할 수 있다. 이 심호흡은 당신이 학생에게 헌신을 하고 있다는 점을 나타내며 다음 몇 분 동안 당신이 상담자에게 모든 관심과 정성을 쏟고 있다는 것 이외에 아무것도 존재하지 않는다는 것을 나타낸다. 만약 당신이 당신 인생의 다른 관계에서 이러한 종류의 태도를 실험하고자 한다면 상호작용의 성격과 친밀감에서 발생하는 놀라운 변화를 감지하게 될 것이다.

상담을 시작하는 학생은 사랑하는 사람과의 사이에서 종종 있었던 놀랄 만하거나 짜증스러운 일 모두를 이야기한다. 그리고 그들은 좀 더 깊고 풍부한 대화에 빠져들게 됨을 깨닫는다. 사람들은 자신의 삶에 대해 다른 사람이 관심을 가져 주는 것을 매우 좋아한다. 반면에, 주의집중과 들으려는 노력이 서투르거나 부자연스러우면(종종 처음에 발생하곤 한다) 친구와 가족은 당신이 '형식적인 상담'을 하고 있다고 불평할 것이다. 이는 관심과 집중을 가지고 듣고 있지 않다는 것을 의미한다. 당신도 아마 이 것이 매우 안타까운 상황이라는 것에 대해 동의할 것이다.

내적 상태

마음에서 모든 방해물을 제거하고 집중을 한 후에는 당신의 내적인 태도를 모니터링하도록 하자. 상담가는 그들이 비판단적이고 수용적이며 비난하지 않는 존재로서 인식되기 때문에 도움을 줄 수 있다. 상담 장면이 아니라면 대화 내용에 대해 쉽게 비판해도 되지만, 일단 상담을 하겠다고 결심했다면 다른 사람에 대해 판단하는 것을 잠시 멈추어야 한다. 결국, 비판적 평가는 들은 내용에 대해 온전히 반응하는 데에 방해가 되기 때문이다. 학생이 당신으로부터 조금이라도 권위적인 비판을 느낀다면, 신뢰감이 모두 무너질 수 있다.

학생과 대화를 나누는 동안 떠오르는 비판적인 생각을 자제하기 위해 고군분투하는 교사의 마음을 들여다볼 수 있다면, 우리는 그가 속으로 이야기하는 말들을 아래와 같이 들을 수 있을 것이다.

아… 정말 이렇게도 멍청하다니 믿을 수가 없군….

아차, 심호흡을 하자. 아이는 나름대로 최선을 다하고 있고, 더 좋은 방법이 뭔지 잘 모를 뿐이야.

하지만 어쩌면 그렇게 모를 수 있지?

다시 시작하자. 동정심을 가져. 심호흡하고. 이 아이는 나와는 다른 세상에서 살고 있다는 걸 기억하자. 아이 나름대로는, 그 전에 이 방법이 통했기 때문에 이 행동을 다시 하고 있는 거라고.

휴… 얘가 내 아이라면 나는 1분도 못 참을 거야.

하지만 나는 이 아이의 부모가 아니고 선생님이야. 내가 통제할 수 있는 범위를 벗어난 일에 대해서는 아무것도 할 수 없어. 내가 할 수 있는 일은 오직 이 아이를 도와주고, 한계를 설정해 주고, 격려해 주는 거야. 그냥 들어 보자. 아이가 하는 말을 정말 열심히 들어 보자. 지금껏 아무도 이 아이의 말에 귀 기울여 주지 않았어. 아이를 판단하고, 어떻게 하라고 말했을 뿐이지. 그리고 지금 나도 그 사람들과 똑같은 짓을 하고 싶어 했다고.

모든 명상법을 익히는 데에도 수개월의 연습이 필요하듯이, 도움이 필요한 학생의 목소리를 듣고, 그들에게 반응하는 동안 머리를 비우고 비판적이 되지 않으며 동정심을 갖는 것은 많은 훈련을 필요로 한다. 아이와 접촉하는 단계에서는 무언가를 말하거나 조력기술을 사용하기 전에 내적 상태를 정비하고 조력적 태도를 가져서, 앞으로 나눌 대화에 대해 최대한으로 수용적이 되어야 한다. 융통성 있는 마음 자세를 가지고, 모든 방해물을 제거하며 발생할 일에 대해 동정심을 갖도록 하자.

주의 기울이기

쉽게 보일 수 있지만, 아이에게 주의를 기울이는 것이 조력활동의 가장 기본적이며 가장 먼저 요구되는 일이다. 상호작용이 이루어지는 동안 자신과 상대방을 모니터링해 본다면, 사람들이 서로에게 완벽히 주의를 기울이는 것이 얼마나 힘든지 알게 될 것이다. 당신이 이야기를 나눌 때에도, 친구가 당신의 어깨 너머를 본다든지, 걷고 있는 사람에게 손을 흔든다든지, 신문을 대충 훑어보거나 머리를 손질하는 등의 다양한 행동을 할 때가 있을 것이다. 이러한 분산된 행동으로 인해 당신의 자신감을 갖지 못하게 하고, 그 사람에게 중요한 것을 전달하지 못하게 되기도 한다.

주의 기울이기와 듣기 연습하기

파트너(급우, 친구 또는 가족구성원)에게 그의 삶에서 일어난 일에 대해 이야기해 달라고 하자. 이 연습을 하는 동안 당신의 일은 말하는 것이 아니라 가능한 한 주의 깊고 완벽하게 듣는 것이다. 당신은 비언어적인 단서, 특히 머리 끄떡임이나 눈 맞춤, 얼굴 표정 및 몸짓 등을 통해 대화에 참여하고 있다는 것을 알려 줄 수 있다. 또 언어적인 격려(아하, 알겠다. 계속해 등)를 사용하여 대화가 계속 진행되게 할 수 있다.

비언어적인 주의집중과 듣기 기술 이외에 내적 상태에 대해서도 모니터링하도록 하자. 그 사람이 말하고 있는 것을 끝까지 듣고, 말의 표면이 아닌 그 말의 기저에 있는 의미에 집중하도록 한다. 이 연습을 하는 처음 몇 분 동안은 가능한 많은 공감과 동정을 느끼도록 노력하자. 당신이 할 일은 무언가를 고치려는 것도 아니고, 심지어 무언가를 말하려는 것도 아니다. 단지 주의를 기울이고 관심을 보여서 이 사람을 붙들어 보자.

누군가에게 주의를 집중하는 것은 그 또는 그녀에게 당신의 전체적이고 완벽하며 분산되지 않은 관심을 주는 것이다. 이는 당신의 몸, 얼굴 및 두 눈을 사용하여, 특히 눈으로 "지금 저와 당신 외에는 아무것도 존재하지 않습니다." "지금 저의 모든 에너지와 저의 모든 존재가 당신에게 가 있습니다."라고 말하는 것이다.

다른 사람에게 완전히 집중하는 이 단순한 행위가 얼마나 그 사람을 치료할 수 있는지를 알면 놀랄 것이다. 특히, 보통 어른은 아이들을 무시하지만, 주의집중을 하게 되었을 때, 그들과의 상호작용에 더 많은 영향을 줄 수 있다. '여기에 나를 돌보아 주고 내가 하는 말을 경청해 주는 사람이 있구나.' 라고 느끼게 되기 때문이다.

당신은 친구들과 가족과의 관계에서 단순한 주의집중의 힘을 확인할 수 있다. 이들 중 누군가에게 관심이 있다고 말하고 그 또는 그녀에게 당신의 분산되지 않은 관심을 주는 데 최선을 다하라. 모든 방해물에 저항하라. 그 사람을 온전히 직면하라. 계속적인 눈 맞춤을 유지하라. 얼굴과 몸을 사용하여 그가 말하는 것에 대한 당신의 강한 관심을 전달하라. 그리고 그 사람에게 어떻게 느꼈는가에 대한 방식에 달라진 점이 있는지 물어 보라.

경청

주의집중은 그 사람이 말하고 있는 것에 대해 당신이 많은 관심이 있다는 점을 전달하기 위해 비언어 행위(머리 끄덕이기, 웃음, 눈 맞춤, 몸짓)와 최소한의 언어("아하", "알겠다") 사용이 수반된다. 비록 이들 기술이 한 사람의 신뢰를 얻는 데 필요한 요소이지만 실제로 경청하고 이해했다는 것을 증명하지 못하는 한, 비교적 의미가 없는 제스처에 불과하다.

이는 흥미로운 도전을 던져 준다. 어떻게 상대방에게 경청하고 있다는 것을 증명할 것인가? 어떻게 상대방에게 말하는 것을 경청할 뿐만 아니라 그들이 의미하는 것을 진정으로 이해했다고 증명할 수 있는가?

이러한 동시성을 갖는 주의력의 증거를 보여 주는 두 가지 방법이 있다. 먼저 수동적인 경청(passive listening)이 있으며, 이에 대해서는 이미 비언어와 언어적 주의집중 맥락에서 설명한 바 있다. 다음으로 적극적인 경청(active listening)은 상대방이 말한 내용에 대해 반응하는 데 더 직접적인 역할을 수행하는 것을 의미한다. 결국, 듣기는 당신이 말하는 방식과 상대방이 말한 것을 듣고 있다는 것을 증명할 수 있는 능력에 의해 좌우된다.

> 학생 : "저는 이 과제를 하고 싶지 않아요. 이건 정말 바보 같고 의미도 없다고요. 왜 제가 이 과제를 해야 해요?"
>
> 교사 : "네가 정말 짜증이 난 모양이구나, 하지만 중요한 걸 모르고 있는 것 같다. 넌 결국 내 가 무슨 생각을 하고 있는지 좀 더 알고 싶어서 여기까지 와서 나와 이야기하려는 거 잖니."

지금 이 교사가 방어적이 되지 않은 이유는 과제에 대해 언급하지 않고 단순히 학생이 그녀에게 말한 바를 보여 주었기 때문이다.

공감적 반응

공감은 누군가의 내면으로 들어가 다른 사람의 경험을 파악하는 능력(그리고 의지)을 의미한다. 주의를 기울이고, 경청하며 타인에게 민감하게 반응하는 것과 함께, 공감을 통하여 당신은 다른 사람이 느끼고 생각하는 것을 잘 알아차릴 수 있다.

조력적 행동의 두 번째 부분은 학생이 외롭다고 느끼지 않도록 당신이 듣고/보고/감지하고/느낀 것을 전달하는 것이다. 우리가 지금까지 제시한 기술(주의집중, 듣기 및 공감반응)을 함께 사용하면 학생이 용기를 내어 문제를 탐색할 수 있는 대화를 이끌어 낼 수 있다. 이러한 대화는 시험에서 받은 낮은 점수를 받아 화가 나 있는 학생의 예를 들어 아래와 같이 설명할 수 있다.

> 학생 : "이번 시험에서 제게 D를 주셨더군요."(눈물을 흘리면서 고발하는 심정으로 슬

프게 말한다.)

교사 : [학생의 점수가 적혀 있는 시험지를 내려 놓는다. 의자를 돌려 그 학생을 정면으로 본다. 얼굴 표정을 온화하게 하고 참을성 있게 기다린다(주의 기울이기).] "그래 맞아. 이번 시험에서 넌 D를 받았지." [진술이 반복되는 방식에 주목하라. 즉 학생의 책임을 강조한다.]

학생 : "이건 옳지 않아요! 시험이 공정하지 않다고요!"

교사 : [고개를 끄덕인다(주의 기울이기)] "너는 시험이 네가 공부하고 준비한 것을 제대로 반영해 주지 않았다고 생각하는 모양이로구나." [교사는 학생의 말에 현혹되지 않고 내용에 대한 논쟁으로 들어갔으며, 대신 능동적인 듣기를 사용하여 학생이 생각하고 느낀 것에 중점을 두었다는 점에 주목하라.]

학생 : "맞아요. 이제 전 엄마한테 죽었어요."

교사 : "시험 자체보다는 부모님의 반응에 더 신경이 쓰이는 것 같은데?" [공감반응을 사용하여 교사는 시험에 대한 부분을 무시하고 부모님의 반응에 초점을 맞춘다.]

학생 : "부모님은 제게 기대를 정말 많이 하시거든요."

교사 : [고개를 끄덕인다(주의 기울이기). 확신하여 미소를 짓는다. (수동적 듣기)] "그래, 네가 얼마나 어려운 상황에 있는지 알겠다. 정말 스트레스를 많이 받겠네." [공감 반응]

이 예에서 드러나듯이 이들 첫 번째 상담기술은 이들이 개방적이고 신뢰로우며, 허용적인 분위기를 조성하여, 학생이 편안함을 느끼고, 자기 개방을 하고, 자신의 감정을 탐색할 수 있도록 돕는다는 점에서 서로 연관되어 있다. 교사는 자신이 하던 일을 멈추고 학생을 향해 몸을 돌리고 주의를 기울였다. 이 스타일은 충고를 해 주고 문제를 신속히 해결하며 여러 가지 일을 하는 데 익숙한 교사에게는 매우 부자연스러울 것이다. 명심해야 할 것은, 첫 단계에서 우리의 목적은 정보를 수집하는 동안 완벽한 청자가 되는 것이며, 학생이 교사와의 관계를 편안하게 느끼고 신뢰를 구축하도록 도와야 한다는 점이다.

탐색 기술

다음 단계는 능동적 경청으로 시작된 것을 좀 더 증가시키는 데에 목적이 있다. 다음 단계는 한 사람에게 완벽히 주의집중하는 것, 말의 뉘앙스를 듣고 말의 기저에 있는 의미를 파악하며 당신이 그 의미를 이해했다고 인정하는 것은 물론, 걱정의 본질을 더 탐색하는 것이다.

질문하기

확실히, 정보를 수집하거나 학생에게 특정 분야를 탐구하도록 권장하는 가장 분명하고 직접적인 방법은 질문을 던지는 것이다. 이전 대화를 읽다 보면 아마도 다음과 같은 수많은 생각이 떠오를 것이다. 왜 시험이 불공평하다고 생각하는지, 얼마나 많은 시간을 시험공부를 하는 데 할애했는지, 다른 수업시간에는 어떤지, 부모가 기대하는 것은 무엇인지 등 말이다.

자연스럽게 마음에 떠오르는 이들 질문의 문제점은, 이들 질문이 대개는 학생을 '한 단계 아래 수준'으로 보고, 당신이 문제 해결 전문가나 조사관 역할을 하게 한다는 것이다. 질문을 통해 "상황이 어떤지 말해 보렴. 내가 해결해 주마."와 같은 메시지가 전달된다. 따라서 이러한 질문은 다른 방식으로는 학생이 정보를 제공하지 않을 때에만 사용해야 한다. 이보다 더 간접적이고 다양한 탐색 방법을 사용해서 얼마나 많은 영역을 포괄할 수 있는지 알게 되면 정말 놀랄 것이다.

질문을 해야 한다면 한 단어로 대답하게 하는 폐쇄형 질문 방식이 아닌, 한 마디로 답할 수 없는 질문을 하거나 한 단어의 답변으로 만족할 수 없는 개방형 질문 방식을 사용하자.

폐쇄형 질문	개방형 질문
지금 화가 나니?	지금 기분이 어때?
부모님께 말씀 드릴 거니?	앞으로 뭘 할 거니?
오늘 수업 좋았니?	오늘 수업은 어땠니?

개방형 질문은 탐색을 더 권장하는 반면 폐쇄형 질문은 의사소통을 중단시키는 경향이 있다. 단순히 질문에 답변하는 것으로 끝나, 아이가 당신이 대화를 이끌어 주길 원하는 침묵이 이어지는 어색한 상황이 발생할 수 있는 것이다.

폐쇄형 질문이 유용한 예외적 상황은, 잠재적으로 위협적이거나 위험한 상황에서 매우 구체적인 정보를 수집하는 것이 중요할 때이다. 예를 들어, 한 아이가 자살에 대한 생각을 표현했다면 구체적인 질문을 던지는 것이 매우 적절하다. ① 전에 자살 시도를 해 본 적이 있니? ② 어떻게 자살을 실행할 것인지, 계획은 있니? ③ 자살 계획을 실행할 방법은 어떤 거지? ④ 도움을 얻을 수 있을 때까지 자살하지 않겠다고 나에게 약속해 줄래? 이 중 첫 번째 3개의 질문에 대한 답변은 '아니요'이고, 마지막 질문에 대한 답변은 '예'가 되어야 한다. 이는 단순히 아이의 감정을 반영하는 것 이상으로, 어느 정도는 예방적인 조치를 필요로 한다는 것을 나타낸다.

진실게임

수업시간에 친구들과 함께 할 수 있는 재미있는 활동은 돌아가면서 가장 개인적이고 은밀한 정보를 가능한 많이 끌어 내도록 디자인된 개방형 질문을 던지는 것이다. '진실게임(hot seat)'을 하는 사람은 던져진 질문에 가능한 한 정직하게 답변해야 한다. 그리고 사람들은 돌아가면서 그 사람이 생각하는 동안 전혀 준비되지 않은 성격의 질문에 답하도록 한다. 가장 좋은 규칙은 그 사람의 본질에 대한 충분할 정보를 얻을 수 있는 답변을 이끌어 내는 질문을 던져 자신에 대해 15분 동안 말하게 하는 것이다. 즉, 인위적이고 예측 가능한 질문은 멀리하고 그 사람을 많이 드러내는 질문을 던지는 것이다.

여기 몇 가지 질문의 예가 있다.

- 인생에서 가장 자랑스러운 것, 가장 부끄러운 것은 무엇입니까?
- 지겹거나 걱정을 할 동안 공상에 빠져들 때 무슨 생각을 하나요?
- 당신 자신에 대해 가장 바꾸고 싶은 것은 무엇입니까?
- 제가 던진 질문 중에서 가장 두려운 질문은 무엇입니까?

물론 이와 같은 질문을 던지기 전에 여러분 스스로 이에 대한 답변을 준비해야 할 것이다.

내용 반영하기

학생으로 하여금 걱정거리를 더 탐색하도록 돕는 간접적인 방법은 듣기와 공감기술을 사용하여 그가 말하고 있는 것을 반영하는 것이다. 이는 앵무새처럼 말하라는 의미가 아니라, 오히려 당신이 들은 것과 아이가 말한 것을 정확히 바꾸어 말하라는 의미이다. 이들 재 진술로 사람들은 그들이 말하고 있는 것을 좀 더 명확히 할 수 있고 추가적인 탐구를 문제화시킬 수 있다.

> 학생 : "원희가 계속 저를 때려요. 걔는 절 내버려두지 않을 거고, 항상 저를 괴롭힐 거예요."
> 교사 : "원희는 네가 뭘 하든지 널 때리는 것을 그만두지 않을 거라는 말이구나."

이 단순한 내용의 반영에서 교사는 들은 내용을 인정하고 포커스를 아이의 행동으로 옮겼다("네가 뭘 하든"). 재진술이 다소 간단한 일처럼 들릴지 모르지만 이 기술은 더욱 깊은 표현을 촉진하는 동시에 다른 사람으로 하여금 당신이 대화내용을 들었고 이해했다는 것을 알리는 방법이기 때문에 치료사와 상담가가 가장 흔히 사용하는 기술 중 하나이다.

감정 반영하기

이 기술은 이전 기술과 비슷하지만 다른 면이 있다. 즉, 내용보다는 감정에 초점을 둔다. 여기에서의 의도는 한 사람의 진술에서 표현된 기저에 있는 감정을 식별하여 반영하는 것이다. 이 기술이 처음에는 실행하기 수월하기 보일지 모르지만 상담가에게는 가장 복잡하고 어려운 기술이다. 감정을 민감하게, 정확히 그리고 도움을 줄 수 있을 정도로 반영하기 위해서는 다음을 수행할 수 있어야 한다.

1. 말의 내용이 갖는 미묘한 뉘앙스를 매우 주의 깊게 관찰하라.
2. 표현된 말의 더 깊은 의미를 파악하라.
3. 그 사람이 경험하고 있는 감정을 정확하게 식별하라.
4. 그가 수용할 수 있는 방식으로 이해한 것을 전달하라.

반영기술을 행동으로 옮기는 것은 다음과 같다.

학생 : "제 친구들은 제가 선생님께 말해야 한다고 생각해요."

교사 : "넌 친구들로부터 압력을 받고 있구나. 하지만 네 스스로도 널 괴롭히는 일에 대해 말하고자 하는 욕구가 있는 것 같은데." [첫 번째 부분은 내용을 반영한 것이고 두 번째 부분은 그에 대한 이해를 나타내는 것이다.]

학생 : "예, 제 생각에도 이야기를 해야 할 필요가 있다고 봐요." (침묵)

교사 : "말하기가 쉽지 않지?" (침묵이 이 사실을 반영할지라도)

학생: (깊은 한숨) "말할게요. 사실 여자친구와 저는 둘 다 성관계를 하고 싶어 해요. 하지만…."

교사 : "아, 넌 여자친구와 성적 관계를 맺고 싶은 거구나. 넌 남자니까 말이야. 하지만 아직 준비가 되어 있지 않다는 느낌이 있을 수도 있겠구나."

학생 : "희진이와 하길 원치 않는 남자아이는 없을 걸요. 저도 그래요. 그래서 제 친구들은

저를 바보라고 생각해요. 하지만 성행위라는 것이… 알다시피…."

교사 : "넌 성적 관계를 맺는 것이 단순한 행위 이상이라고 생각하는구나. 흥분도 되고 걱정 스럽기도 하고, 약간은 당황스러워하는 것 같네."

그리고 아이가 그의 더 깊은 감정을 탐색할 수 있도록 이 기술을 사용하여 대화를 계속한다. 즉, 그가 정말로 원하고 있는 게 무엇인지를 분명히 하고, 결국에는 그가 하고자 하는 것을 알아내어 그의 여자친구, 친구, 가족 그리고 심지어 선생님이 주는 압력을 무시하고 결정을 내리도록 하는 것이다. 이러한 대화를 통해서 아이들이 그들 이 진정으로 믿는 것과 확신을 기반으로 행동할 수 있다.

능동적 경청 연습하기

- -

급우, 친구 또는 동료를 내용과 감정 모두를 반영하는 능동적 경청 기술 연습을 도 와주는 협력자로 삼도록 하자. 파트너에게 몇 분 동안 계속 무언가에 대해 이야기 하라고 부탁한다.

말의 내용 기저에서 표현되는 감정을 매우 주의 깊게 경청하라.

어간을 사용하여 당신이 들은 내용을 반영해 보아라. "당신은 ___을(를) 느끼는 군 요."

당연히 이는 약간은 어색할 것이다. 그럼에도 불구하고 "당신은 ~을 느끼는 군요." 라는 진술로 답변을 함으로써 대화를 이끌어 갈 수 있다.

이 기술의 핵심은 별로 문제될 게 없다는 것이다. 당신이 의도하든 하지 않던 간에 말이다. 만약 당신이 확신하지 못한다면 다음과 같이 단순히 느끼고 있는 것을 말 하면 된다.

당신 : "그렇다면, 당신 자신에 대해 실망했군요."

파트너 : "글쎄요, 분노할 정도로 그렇게 실망하지는 않았습니다. 저는 단지 공평한 기회를 얻지 못했을 뿐이에요."

자기 개방

이 기술은 학생에게 당신의 신뢰성, 진실성, 겸손함을 증명하는 기술이다. 사람들은 대개는 스스로를 이상화한다. 학생들은 교사가 유사한 문제(해당된다면)와 씨름한 적이 있다고 말하면서 친밀하게 다가가면 많은 도움을 얻을 수 있다.

이러한 개입이 남용(자기 자신에 대해 부적절한 시간에 너무 자주 너무 많이 이야기하는 것 또는 부적절한 자료를 공개하는 것)될 가능성이 있지만 자기 개방은 다음과 같은 특징을 갖는다.

1. 간결해야 한다. 자기 자신에 대해 말할 때 돕고자 하는 다른 사람으로부터 초점을 멀리해야 한다.
2. 제멋대로 사용하지 않아야 한다. 구체적인 요점을 강조하여 당신이 공유하고 있는 것에 대해 구체적이고 타당한 이유를 가져야 한다.
3. 매우 조심스럽게 사용되어야 한다. 여기에서 예상되는 위험은 너무 많이 자신을 드러내 전문적인 영역을 벗어나면서까지 자기 자신의 문제에 너무 중점을 두어 자신에 대한 정보를 드러내는 것이다.

자기 개방은 ① 학생에게 그가 혼자가 아님을 알려 주고, ② 당신과의 거리를 좁히는 것, ③ 개방성을 모델링하는 것을 보여 주려 할 때 가장 많이 사용한다.

교사 : "나도 네 심정을 이해할 수 있다. 우리 부모님도 이혼을 했고, 내가 다시 일어서기까지 상당이 오랫동안 나 자신과 싸워야 했거든."

즉시성이라는 다른 형태의 자기 개방은 상호작용에 대한 본인의 느낌과 특정 순간에 아이를 향한 느낌을 공유하는 것과 관련이 있다.

교사 : "네가 나를 믿어 줘서 정말 기쁘다. 이 대화를 나눈 덕분에 너와 더 가까워진 것 같아. 네 용기가 정말 멋지다."

비록 자기 개방은 개인적이며, 조력적인 관점에서 사용해야 하는 기술이지만, 당신이 개인적으로 학생들을 관여시키고자 할 때 또는 요점을 설명하기 위해 자신의 인생 경험을 말해야 할 때 교실에서 사용되는 강력한 기술임에는 틀림없다.

요약

요약은 대부분 대화의 끝머리에서 사용되지만 정리가 필요할 때 언제든지 사용할 수 있다. 그리고 요약은 토론된 주제를 묶어 사태를 객관적으로 보게 한다. 이상적으로는 교사가 학생에게 먼저 행동하기를 요청한 후에 요약("그래서, 넌 뭘 가지고 떠날 거지?")하는 것이다. 교사는 학생의 행동과 요약 사이에 있는 차이를 매울 수 있다.

교사 : "나는 네가 성관계와 희진이와의 관계에 대해 갖고 있는 생각을 좀 더 분명히 하도록 도운 것 같다. 그리고 네가 단순히 다른 사람이 시키는 대로 하기보다는, 스스로 생각하기를 원한다는 사실도 알았어. 넌 친구들에게 네 생각이나 바람을 존중해 주고 더 이상 압력을 주지 말라고 이야기하고 싶다고 말했지. 그리고 희진이와 함께 네가 어떻게 느끼는지 이야기하고 싶어 하고."

좋은 요약은 논리적으로 조력적 탐색단계와 필요한 변화를 만드는 행동 전략 사이에서 자연스러운 이동을 제공해 준다. 많은 경우, 전문가에 의뢰되곤 하기 때문에 당신은 이러한 대화를 계속하지 않는 경우가 많다. 그럼에도 불구하고 학생이 상담에서 많은 것을 얻을 수 있는 방식으로 설정할 수 있을 것이다.

실행기술

교사로서 당신의 역할로 인해 당신이 사용할 수 있는 실행 전략은 제약을 받는다. 이는 곤혹스러운 일인데, 왜냐하면 당신이 하고 싶은 일, 그리고 모든 초보자가 하고 싶은 일은 한 번에 문제를 해결하는 것이기 때문이다. 또는 최소한 당신이 문제라고 생각하는 것을 해결하는 것이기 때문이다.

장기간 동안 상담을 하는 가운데 가장 어려운 일 중에 하나는 사람들이 당신이 상상하는 것보다 훨씬 복잡하다는 것과, 그들이 처음에 제기한 문제가 계속 진행 중인 인생의 문제의 중심에 있는 핵심 문제와 거의 관련이 없다는 것이다. 즉, 학생들이 해결하기 어려운 문제를 가지고 당신에게 올 때 이는 당신과 접촉하기 위해 만드는 구실일 수 있다는 점을 명심하라. 그들이 처음에 당신에게 컨설팅을 요청하는 실제 이유를 깨닫기까지는 꽤 오랜 시간이 걸릴 것이다.

문제를 더욱 복잡하게 만드는 것은 학생들이 당신에게 제시하는 것이 사실은 그들을 가장 괴롭히는 것이라는 점이다. 그들은 정리하길 원하는 구체적인 문제를 가지고 올 수도 있지만, 단 한 번의 대화로 이런 문제를 만족스럽게 해결할 수도 있다. 그리고 대개는 당신의 돕는 역할은 아이가 문제가 무엇인지를 분명하게 알도록 도와주면서 듣고, 이해하며 공감을 표시하는 것이다. 그런 다음 그 아이에게 적절한 전문가적인 도움을 제공하는 것이다.

우리가 앞에서 언급했듯이, 가끔 당신은 아이가 토론한 내용을 건설적인 행위로 옮길 수 있도록 도와줄 기회가 있을 것이다. 그 다음 기술은 다음과 같은 주의가 주어지고 당신에게 설명된다. 개입을 하기 전에 더욱 많은 훈련과 감독을 하라. 이 주의는 특별히, 가장 남용되는 조력 전략인 조언하기에 해당된다.

탐색기술 목록	
단계	기술
시작하기 전	마음을 평온하고 간결하게 정리한다. 산만해지지 않도록 한다. 중립적 태도를 유지한다. 집중하도록 한다. 심호흡한다.
자세	그 사람의 얼굴을 잘 쳐다본다. 앞으로 약간 숙이고 집중한다. 눈 맞춤을 적절히 유지한다. 이해하고 있다는 것을 표현하도록 제스처를 사용한다.
관찰	주의 깊게 관찰한다. 경청한다. 직관과 감각을 활용한다.
수동적 듣기	생생하게 듣는다. 평정심을 유지한다. 적절히 미소 짓는다. 고개를 끄덕인다. '아, 그렇구나.'를 활용한다.
함께 하기	공감을 표현한다. 배려적인 의사소통을 한다. 동정심을 갖는다. 존중하고 있음을 보여 준다. 무조건적인 배려를 한다. 그 입장이 되어 생각한다.
반응하기	개방형 질문을 한다. 내담자의 말을 반영한다. 내담자의 감정을 반영한다. 적절히 자기 개방을 한다. 필요한 경우 요약한다.

조언하기

조언하지 마라. 사람들에게 그들의 삶에서 무엇을 하라고 말하고 싶은 본능을 억제하도록 하자. 당신은 자신을 위한 최선이 무엇인지, 어떤 사람에게 무엇을 하라고 말하는 것에 따르는 책임이 어떤 것인지 알고 있는가?

조언은 대부분 실질적으로 그 학생에게 도움이 되기보다는 교사 자신의 기분을 더 좋아지게 하기 위해 행해지고 있다. 누군가가 깊은 절망에 쌓여 당신에게 올 때 당신 또한 힘이 없어지고 무력감을 느낄 것이다. 당신은 즉각적으로 그를 구원해 주고 싶을 것이다. 당신이 생각할 수 있는 것은 학생에게 당신이 유용하다고 믿는 무언가를 말해 주는 것이다.

사람들에게 조언을 제공할 때 2개의 가능성 있는 결과가 있다. 이 둘 모두 상당히 결과가 좋지 않다. 첫 번째는 당신이 조언을 제공하고 이것이 나쁜 결과를 초래하는 경우이다. 이 경우에 당신은 영원히 비난 받을 것이다. 그 학생의 인생을 망친 것은 당신의 잘못이다.

나쁜 조언을 주는 것보다 더 안 좋은 일은 좋은 조언을 주는 것이다. 그렇다. 당신은 우리의 이야기를 정확하게 파악한 것이다. 왜 좋은 안내를 해 주는 것이 실제로는 전혀 좋은 일이 아닌지에 대해 생각해 보라.

누군가에게 그 자신의 인생에 대해 무엇을 할지 말할 때 이는 효과적이다. 그리고 이 사람에게 당신에게 다시 돌아오라고 가르친 것이다(또는 당신과 같은 누군가). 그리고 당신은 그 사람이 너무 어리석어 그 사람 스스로 현상을 제대로 파악하지 못한다는 생각을 굳히게 될 것이다.

확실히, 학생으로 하여금 그들 스스로 무엇을 해야 할지 알아내게 하는 것은 시간이 많이 들고 굉장히 어려운 일이다. 하지만 결국 사람들은 그들이 스스로 알아낸 것을 행하는 데 더욱 더 적극적이다.

학생 : "그래서, 선생님은 제가 어떻게 해야 된다고 생각하세요?"

교사 : "넌 어떻게 해야 된다고 생각하니?"

학생 : "저도 모르겠어요. 선생님이 말씀해 주시면 좋겠어요."

교사 : "글쎄, 네가 좋은 방안을 생각할 수 있는지 한 번 보자. 그러면 그 좋은 생각을 행동에 옮길 수 있도록 도와주마. 넌 친구를 사귀는 데 문제가 있다고 말했지. 그 문제를 해

결하려면 어떻게 해야 할까?"

학생 : "선생님은 방과 후에 제가 그 바보 같은 모임 중 하나에 나가야 한다는 말씀을 하시는

　　　것 같은데요. 저는 그게 싫어요. 이미 말씀드렸을 텐데요…."

교사 : "그래, 그것도 하나의 방법이 될 수 있기는 하지. 그런데 네가 다른 방법도 시도를 해

　　　봤는지 궁금하구나."

　교사는 이미 학생이 다른 아이들을 만나 친구를 사귀는 방법의 일환으로 무엇인가를 할 것을 원했으며 그 학생이 방과 후 활동에 참여하길 원했다. 하지만 교사는 그 학생이 스스로 그 활동이 무엇인지 생각하길 원했다. 만약에 학생이 밖에 나가 놀이를 하거나, 교내의 스포츠를 하거나 체스 클럽에 가입하는 것 등을 말했다면 그 학생이 실제로 그 제안을 받아들일 가능성은 별로 없었을 것이다.

　조언을 주는 것을 삼가지 않아도 되는 예외 상황은 아이가 스스로나 다른 사람에게 잠재적으로 위험한 무언가를 할 유혹을 느낄 때이다. 예를 들어, 한 학생이 당신에게 그녀가 다른 소녀를 이용하기로 유명한 소년과 함께한다고 하거나, 그 학생이 그의 술 취한 아버지와 맞서겠다고 말하거나, 누군가는 그녀가 더 많은 체중을 빼야 한다고 말하는 경우이다. 이미 그녀는 너무 말랐는데도 말이다. 이러한 상황에서 당신은 무언가를 할 수도 있고, 해야 한다. 하지만 당신이 조언을 주는 방식은 아이가 주의를 기울일 범위와 당신의 현명한 조언을 따르는 정도를 결정한다는 점을 명심하라.

교사 : "나는 네가 그런 극단적인 행동을 하기 전에 누군가에게 말해야 한다고 생각한다. 믿

　　　을 수 있는 친구에게 네가 마음에 두고 있는 일을 말하는 거야. 그 아이들이 말해 주

　　　는 것을 들어 보고 나중에 다시 이야기해 보자."

목표 설정

목표 설정은 실행기술을 완성시키는 것으로 몇 가지 어렵고 모호한 문제를 구체적인

결과로 변환해야 하는 당신과 학생의 요구를 만족시킨다. 하지만 이런 종류의 목적은 당신의 의해 규정되지 않는다. 많은 아이들이 교사에게 무엇을 할지를 말하는 것에 대해 교사에게 적의를 느낄 수 있다. 대신 당신은 아이들이 그들 자신이 진술한 목표를 정의하고 따를 수 있도록 돕는 길고 수고스러운 경로를 밟게 된다. 이런 식으로 그들이 목표 설정을 마무리할 가능성이 많다. 설령 그들이 말한 것을 행동에 옮기지 않더라도 그들은 그냥 무심하게 어깨를 으쓱하고 다음과 같이 말할 수 있다. "어, 글쎄요. 저는 결국 제가 하고자 하는 일을 하고 싶지 않았던 것 같아요." 그런 다음 그 학생은 다음과 같이 말할 수 있다. "하지만 저는 했어요! 저는 원하는 일을 했어요." 당신은 미소를 지으면서 다음과 같이 답할 수 있다. "좋아. 하고 싶을 때 그 일을 하렴."

사람들이 스스로 목표를 설정하는 것을 도울 때 다음과 같은 점을 명심해야 한다.

1. 설정하는 목표는 그들이 현재 겪고 있는 중심 문제와 관련이 있도록 하라. 10kg 감량은 매우 좋은 목표일 수 있다. 하지만 감량을 하는 것이 높은 자기 존중감에 대한 중요한 방해물이 아니라면 그러한 노력은 쓸모가 없다.

2. 현실적이고 실현 가능한 목표를 설정하라. 변화에 대한 열정이 많은 학생은 너무 열심이어서 순진하게 자신이 모든 것을 하룻밤 만에 할 수 있다고 믿을 수 있다. 학생들이 작고 관리 가능한 단계를 밟도록 도와 그들의 노력에서 성공을 경험할 수 있도록 하라. 예를 들어, 친구가 별로 없는 아이는 더 어려운 일을 하기 전에 다른 아이와 단 2분간 대화를 함으로써 앞으로 나아갈 수 있다.

3. 가능한 목표를 구체적으로 설정하라. 그 사람이 할 것이 무엇인지, 그 사람이 그 행동을 할 것인지, 언제 그리고 어떻게 그 행동을 할 것인지, 얼마나 오랫동안 지속할 수 있을지, 누구와 그리고 누구에게 할 것인지, 그리고 그 사람이 실패했을 때 어떤 비상대책을 세울 것인지를 포함시켜라. 이들 요소로 학생의 추상적인 목표를 구체적인 목표로 옮길 수 있다. 예를 들어 다음과 같다.

이전 : "저는 많이 싸워요. 멈추고 싶지만 다른 아이들이 자꾸 저를 자극하거든요. 저는 아이들이 그렇게 해도 그냥 놔둘 거예요. 항상 싸울 수만은 없다는 사실을 알고 있고, 친구들이 절 떠나도록 하고 싶지는 않거든요. 이제 싸워서 이가 부러지는 것도 싫어요. 이제 해야 하는 일은 싸움을 그만두는 거예요."

이후 : "지금부터 내일까지 저는 학교에서 어떤 누구와도 물리적인 싸움에 휘말리지 않을 거예요. (하지만 집에서 형과 어떤 일이 일어날지는 장담 못하겠어요.) 제가 학교에서 다음 날 다시 화가 나기 시작하면 지금까지 우리가 이야기한 것을 반복할게요. 이것도 별 효력이 없으면 선생님께 약속을 할게요. 스스로에게 멀리 도망친다고 약속하겠다는 말이에요. 자신을 방어해야 한다면 저는 말로만 방어할 것이고 주먹은 쓰지 않겠어요."

이 대화에서 볼 수 있듯이 향후 24시간 내의 이 남자아이의 목표는 처음 언급한 기준을 맞추는 것이다. 종종, 당신은 그 사람에게 이야기하게 하고 무엇을 할지 결심하게 한 다음 그 사람이 원하는 것을 얻을 계획을 만드는 것을 도움으로써 그 사람의 인생을 바꿀 수 있다.

당신이 변화시키고 싶은 몇몇 행위를 생각함으로써 자신의 인생에서 이 전략을 실험할 수 있다. 구체적이면 구체적일수록 더 좋다. 무엇을 할 것인가, 언제 할 것인가 그리고 어디에서 누구와 할 것인가로 시작하는 문서를 하나 작성하라. 현실적이라는 것은 선언한 시간 안에서 당신이 할 수 있는 것이라는 점을 명심하라.

문제 해결

일련의 단계를 포함하는 더욱 정교한 목표 설정 방식은 문제 해결 접근방식을 학생의 어려운 상황에 적용하는 것이다. 예를 들어, 한 학생이 대학에 가고 싶어 하지만 경제적인 어려움에 처해 있거나 성적이 장학금을 받을 만큼 좋지 못하다고 가정해 보자. 그 학생은 희망을 잃고 좌절하여 꿈을 포기하고, 지루하고 반복되는 직업을 가질 수도 있다. 이럴 때에 학생의 문제를 해결해 주거나, 학생이 해야 할 일에 대해 말하지 않고도 어려움에 도전하는 체계적인 방식을 얼마든지 소개할 수 있다. 이 방식은 인생의 많은 다른 유사한 상황에서도 유용하게 사용할 수 있다.

"좋았어."라는 말로 시작할 수 있다. "함께 계획을 생각해 보자. 몇몇 가능한 경제적 도움을 받을 방법을 찾기 위해 할 수 있는 사항을 종이에 적은 다음 가장 좋은 방법으로 좁혀 보자구나."와 같이 말할 수도 있다.

모든 문제 해결 전략은 다음과 같은 구성요소로 구성된다.

1. 문제를 정의한다.
2. 목표를 정한다.
3. 건설적인 대안을 개발한다.
4. 선택지를 더욱 현실적인 것으로 좁힌다.
5. 계획을 행동으로 옮긴다.

교사의 도움으로 학생은 summer school(여름방학 동안 학점을 보충할 수 있는 강좌 개설 프로그램), 과외, 월급이 더 많은 직업을 찾는 것, 지방 대학교에 가는 것, 대학에 진학하기 전에 돈을 저축하기 위해 고교 졸업 후 잠시 동안 일을 하는 것, 돈이 필요한 학생에게 도움을 주는 시민단체에 연락하기, 대학 수업료를 벌기 위해 군대에 들어가는 것 등의 가능성 있는 긴 목록을 작성할 수 있었다. 선택지를 가장 매력적으로 보이는 몇 개로 압축한 후에 학생은 그의 에너지를 감당할 수 있는 특정 계획에 집중하게 되었다.

재구성하기

광택과 매력을 잃은 더러운 액자에 있는 멋진 그림을 상상해 보라. 동일한 그림을 다른 액자에 끼워 보자. 어떤가? 정말 아름답지 않은가! 이것은 바로 조력적 맥락에서의 재구성에 대한 유추이다.

가장 창조적이고 도전적이며 재미있는 재구성은 학습하는 데 시간이 다소 소요된다. 재구성은 사람들이 당신에게 말한 일에 대해 완벽히 다른 관점으로 생각하는 방식이다. 당신의 일은 다른 사람이 말한 문제(일반적으로 당신이 해 줄 것이 없는)를 꺼내어 스스로 해결책을 제시하는 방식으로 그 문제를 재구성하는 것이다. 재구성의 가장 기본적인 모드로 당신은 학생이 말한 사항, 즉 "저는 멍청해요."(이것이 사실이면 당신이 도와줄 수 있는 게 거의 없는)라는 진술을 꺼내어 더욱 해결하기 쉬운 진술로 변경한다. "너는 양적인 과제에서 재능이 없을 수도 있지만, 재미있는 그림을 그리고 고장난 물건을 고치는 데에는 정말 뛰어나. 그것은 멍청한 누군가가 말하는 것처럼 들리지 않아."

재구성의 다른 예는 다음과 같다.

진술	재구성
"저는 부끄러움을 많이 타요."	"친한 친구도 곁에 없이 새로운 상황에서 너는 부끄러움을 타는 구나."
"저는 학교가 싫어요."	"너는 조직화된 학습을 즐기지 않는구나. 하지만 네가 원하는 것을 할 때 넌 정말로 학교를 좋아하는 것 같아."
"제 아이는 모든 선생님들이 자기에게 형편없다고 말한다고 해요. 하지만 우리 아이는 그렇게 형편없지는 않아요."	"자녀분은 유머감각이 뛰어나요. 그 아이는 적절하지 않은 청중 앞에서도 뛰어난 퍼포먼스를 보여줍니다."
"선생님 수업은 지루해요."	"수업에 집중하기 힘든가 보구나."

각 경우, 교사는 더욱 낙관적인 관점에서 문제의 정의를 재구성한다. 대개는 효과적이지만 때로는 그렇지 않다. 모든 다른 도움 노력과 같이, 올바른 결합을 찾을 때까지 우리는 다양한 접근방식을 시도할 것이다. 이 개입에 있는 핵심 아이디어는 처음 문제가 학생에 의해 정의되어 성공을 거둘 수 있도록 상황을 변화시키는 것이다. "이 상담기술이 너무 어려워서 결코 마스터하지 못할 것 같아요."라고 낙담해서 말하기

보다는 다음 대안과 비교해 보자. "모든 새로운 기술과 마찬가지로, 제가 이들 기술을 능숙하게 사용하는 데에는 시간과 연습이 필요합니다."

인지적 재구성

재구성(reframing)은 사람들이 자신의 걱정거리(이전 예에서처럼)를 보는 방식을 변화시키도록 돕는 인지적인 개입이다. 다른 기술은 아이들이 그들의 곤경에 대해 다르게 생각하도록 돕는다. 이들 기술 중 가장 인기 있는 기술은 '인지 치료'로 알려져 있다.

이들 기술의 이론은 매우 단순하다. 우리가 느끼는 바는 우리가 발생한다고 생각하는 것에 기초한다. 만약 우리가 역경을 해석하는 방식을 바꾼다면 우리는 그 역경에 대해 우리가 느끼는 방식을 변경할 수 있다. 따라서 우리의 임무는 아이들에게 그들의 삶에서 발생하는 사건에 반응하는 방식에 대해 선택지를 가지라고 가르치는 것이다. 경험 자체는 기본적으로 나쁘거나 귀찮지 않으며 좌절스럽지도 않다. 우리의 반응을 결정하는 것은 이들 경험의 인식이다. "만약 당신이 느끼는 방식을 좋아하지 않는다면 당신이 생각하는 방식을 바꿔라."라고 인식 치료학자들은 말한다.

이러한 조력적 접근방식은 수많은 이유로 매우 흥미롭다. 첫 번째로 학습하기 쉬우며 적은 연습으로도 사람들이 문제에 대해 생각하는 방식이 다음에 어떻게 느끼고 행동하는지를 결정하는지 이해하도록 돕는 데 더욱 더 익숙해진다. 두 번째는 이 접근방식이 자신의 인생에 즉각적으로 적용할 수 있는 문제 해결 접근방식이라는 점이다. 사실, 내부 생각 패턴에 대해 더 많이 생각할수록 다른 사람을 돕는 데 더 많이 익숙해질 수 있다. 비슷하게, 학생들이 비이성적인 믿음이나 생각에 직면하도록 돕는 것을 더 많이 연습할수록 자신의 개인적인 효율성에서 심오한 변화가 발생하는 것을 더 많이 발견하게 된다. 세 번째, 가장 흥미로운 점은 이들 인지 전략을 사용하여 단기간에 학생의 삶에서 변화를 이끌어 낼 수 있다는 것이다.

인지적 조력과정은 먼저 학생으로 하여금 지겨운 감정을 분명하게 인지하게 하는 매우 논리적인 순서를 따른다. 처음에 언급된 이 조력기술(능동적인 듣기, 감정의 반영, 개방형 질문)은 매우 유용하다.

교사 : "지금 정확히 무엇을 느끼고 있지?"

학생 : "모르겠어요. 약간 화가 날 뿐이에요."

교사 : "무언가로 인해 기분이 좀 가라앉은 것 같구나."

학생 : "예, 좀 그래요. 그리고 저는 정말로 화가 나요."

교사 : "그래, 나도 알겠어. 넌 정말 화가 나 보이고, 상처받은 것 같아."

지금까지, 교사는 학생이 경험하고 있는 네 가지 다른 감정을 식별하도록 도왔다. 즉, 화남, 가라앉음, 분노 및 상처이다. 더 많은 시간을 가지면 목록은 더 늘어날 수 있다. 왜냐하면 우리는 일반적으로 우리가 무언가에 대해 화가 날 때 많은 다른 일을 생각하기 때문이다.

이 단계에서 당신이 취할 수 있는 다른 단계는 학생에게 식별된 감정의 각각에 1~10의 단계로 등급을 매기게 하는 것이다. 예를 들어, 그녀가 약간만 가라앉아 있다면 5점을 매긴다. 번잡스러운 상황에 대한 모든 감정적인 반응을 제거하는 것은 현실적이지 않으므로 조력 효과를 나중에 측정하는 기준을 만드는 것이 좋다.

다음은 학생에게 교사가 생각하기에 문제를 유발하는 특정 상황을 설명하도록 권하는 것이다. 이때 학생은 정확히 발생한 일을 설명해야 한다.

교사 : "나에게 무슨 일인지 말해 보렴."

학생 : "음, 선생님도 아시겠지만, 저는 그 바보 같은 연극을 위해 죽도록 노력했어요."

교사 : "넌 바라던 만큼 하지 못한 것 같은데. 어떠니?"

학생 : "예, 맞아요. 대본 연습조차도 참여하지 못했어요. 불러주지도 않았다고요.

따라서 학생이 '인생을 영원히 망쳐버렸다'라고 느끼는 그 사고는 연극에 참가하는 것이 아니다.

이 조력 절차의 요점은 다른 사람이나 사건으로 인해 당신이 무언가를 느끼는 것은 아니라는 점이다. 즉, 자신의 생각하는 방식에 기초하여 사건에 대해 느끼는 것이다. 다음 단계는 학생이 아픔을 유발하는 내부적인 생각이나 비합리적 신념을 식별하도록 돕는 것이다. 이 부분은 약간은 어려운데, 왜냐하면 비합리적 신념에 만연한 주요 주제에 익숙해져야 하기 때문이다. 기본적으로 비합리적 신념은 다음 세 가지로 나누어 생각할 수 있다.

1. 현실의 과장. 사람들은 발생한 일의 중요성을 왜곡함으로써 실제보다 사태를 더욱 나쁘게 본다. "제가 그 연극에 참여하지 않았기 때문에 저는 인생에서 제가 하고 싶은 일을 결코 할 수 없을 겁니다." 또는 "모든 사람들이 저를 비웃어요." 등은 명백히, 이들은 과장이다. 왜냐하면 첫 번째의 경우 학생은 너무 일반화시키고 있으며, 두 번째 예에서는 그 말이 사실이라는 증거가 없기 때문이다.

2. 세상이 달라져야 한다는 생각. 이는 세상이나 사람들이 달라져야 한다는 기대로부터 기인한 비이성적인 신념이다. 우리는 자신을 특별한 대접을 받을 만한 특별한 존재로 생각한다. 일반적으로 이러한 비합리적 신념의 공통적인 특징은 다음과 같은 말로 시작한다. "이건 불공평해… 나는 내가 원하는 것을 얻지 못했어… 그는 나를 그런 식으로 대했어… 규칙이 변했어." 이러한 생각은 비이성적이다. 왜냐하면 원래 세계는 공평하지 않기 때문이다. 우리는 특별한 존경을 받을 수 없다. (우리가 그것을 원해도 말이다.) 그리고 우리가 사람들에 대해 어떠한 기대를 가졌다고 해서, 그들이 그 기준에 따라 살아야 하는 것도 아니다.

3. 극단적 사고. 이는 학생들이 결코 충족시킬 수 없는 비현실적이거나 완벽주의 기준을 자신에게 적용하는 이전의 비합리적 신념의 변종이다. 다음과 같은 예를 살펴보자.

"저는 이 상황에서 제가 할 수 있을 만큼 잘하지 못했고, 결코 잘할 수 없을 거예요."

"이 시험에서 D를 맞았으니까, 전 멍청해요."

"그녀가 저와 데이트를 하지 않으려 하기 때문에, 저는 제가 좋아하는 누군가를 결코 만날 수 없을 거예요."

'~해야만 한다' 라거나 '절대로' 와 같은 단어는 우리가 자기 스스로 부여하며 비현실적인 요구를 만드는 단서이다.

비합리적 신념에 대한 어림짐작으로 우리는 어떻게 교사가 학생으로 하여금 마지막이며 가장 중요한 단계까지 이동하게 하는지 알 수 있다. 즉, 비합리적 신념에 도전하고 진실에 직면하는 것이다. 이들 개입을 위해 당신은 다른 사람과 일을 성공적으로 마무리하기 전에 인식적인 기술을 자신에게 적용할 수 있어야 한다. 즉, 스스로 논쟁하지 않는 한 당신은 사람들을 설득해 비합리적 신념을 버리게 할 수 없다.

우리가 지금까지 설명한 사례에서 다음 대화를 유추할 수 있다.

교사 : "그래서 넌 지금 그 연극에서 이 역할을 얻지 못했기 때문에 자신이 전혀 쓸모없는 사람이라는 말하고 있는 거니?"

학생 : "예." (동의의 뜻으로 고개를 끄떡인다.)

교사 : "말이 된다고 생각해? 이번에 그 역할에 선택이 되지 않았으니까 네가 완전히 끔찍한 배우라고? 쓸모없는 사람임에는 말할 것도 없고?"

학생 : "하지만 저는 정말로 그 역할을 하고 싶었단 말이에요."

교사 : "그건 이해한단다. 하지만 말이 안 되는 건, 무언가를 간절히 원했는데 이번에 그걸 얻지 못했기 때문에 자신을 그렇게 생각하는 거란다. 이건 전에 네가 했던 모든 일은 문제가 되지 않고 앞으로 할 일이 망쳐졌다는 의미잖니."

학생 : "음, 제가 약간 과장한 것 같아요. 하지만 선생님은 전체 오디션이 전부 엉망이었다는 건 인정하셔야 해요."

교사 : "네가 옳다고 가정해 보자구나. 그래, 공평치 않았어. 그래서 어떻다는 거지?"

학생 : "네?"

교사 : "그럼 오디션이 공정하다면?"

학생 : "하지만 그들은 공정해야 해요! 저는….."

교사 : "그게 핵심이 아니야. 나는 네 의견에 동의한단다. 나중에 네가 전체 시스템을 변화시
킬 수 있는지 이야기해 보자. 하지만 지금, 선발 과정이 공정하지 않은지에 대해 왜
그렇게 놀라고 있지? 이번이 선발 과정에서 공정하지 못하다고 느낀 첫 번째 경험이
니?"

학생 : (동의의 표시로 고개를 끄떡인다.)

교사 : "자, 넌 이미 발생한 일은 변경할 수 없지만 그것에 대해 생각하는 방식은 변경할 수
있단다. 그 역할을 맡지 못한 것보다 더 나쁜 일은 그 역할을 맡지 못해서 그 후에 여
러 날 동안 네가 스스로를 비참하게 만든 거야."

이 상호작용은 학생으로 하여금 그 자신의 내부적인 상태를 더 많이 통제할 수 있
도록 가르치는 풍부한 기회를 당신에게 제공한다. 아이들은 생활에서 힘이 적다고 느
끼기 때문에 그들에게 사물에 대해 느끼고 싶은 방식을 결정할 수 있는 생각하는 방
식을 소개하면 매우 좋아한다.

그 연극에 참여하지 못하는 것에 대해 화가 나 있는 학생은 교사와 대화를 마친 후
에도 약간은 그 상황에 대해 화가 나 있지만 이전처럼 화가 나 있는 것은 아니다.

인지적 개입 방법은 학생들이 다음을 수행하는 전략을 강조한다.

1. 생각과 느낌에 대해 더 큰 책임을 수용하라.
2. 자신이 무슨 생각을 하고 있는지 더 많이 인식하라.
3. 원인과 결과 관계를 통해 추론하는 방식을 더욱 분석적이고 논리적이 되게
하라.

4. 주위의 사물과 사람에게 어떻게 반응을 하는지에 대한 선택지를 만들어라.

5. 생각하는 방식을 바꿈으로써 느끼는 방식을 바꿔라.

교사는 다음과 같은 아이디어를 강화하면서 학생과의 대화를 끝맺는다.

"네가 화가 난 것은 전혀 이상할 게 없어. 이건 그 역할을 맡느냐의 문제일 뿐만이 아니라 네가 그 상황에 반응하는 방식의 문제이기도 하단다. 네가 실망한 건 이해할 만하지만 활동을 못할 정도로 쳐져 있는 것은 문제야. 즉, 넌 스스로 이렇게 만들고 있다는 거야. 미래의 어느 시점에서 넌 지금 느끼는 방식을 좋아하지 않을 거야. 넌 스스로에게 사건에 대해 말하고 있는 것을 인지하는, 이와 같은 동일한 절차를 따를 수 있고, 그 후에는 네 자신의 생각을 바꿀 수도 있을 거야."

이러한 직면의 목적은 학생이 그들의 왜곡의 정도를 깨닫고 더욱 현실적이며 적절한 반응으로 대처하는 것이다. 직면은 다른 형식으로도 할 수 있다.

우리가 방금 진행한 전체 과정은 70쪽의 차트에 요약되어 있다.

비록 학생이 교사와의 한 번의 대화로 자신의 부정적인 감정 모두를 제거할 수는 없었지만 머지않아 좋아질 수 있을 것이다. 가장 좋은 것은 언제든지 발생할 수 있는 다른 문제나 실망스러운 일에 이 방법을 적용할 수 있다는 것이다.

비합리적 신념에 직면하기

인지 전략을 학습하는 최고의 방법은 전략을 자신에게 적용하는 것이다. 약간 화가 났다고 느끼는 인생에서의 한 상황을 선택함으로써 시작하라. (작은 일로 시작하는 것이 좋다.)

이는 많은 연습과 지속성을 요구하며, 비이성적인 내적 생각에 도전하는 마지막 단계이다. 이 조력 시스템에 대해 더욱 상세한 정보를 제공하는 몇몇 권장 도서를 참고하는 것이 좋다. 다른 사람에게 이 전략을 효율적으로 사용할 수 있는 것에 대한 핵

인지적 개입 방법	
A 선행사건 "저는 그 연극에서 그 역할을 맡지 못했어요.	B 비합리적 신념 • "그것은 정말 불공평해!" • "나는 내가 원하는 것을 결코 얻지 못할 거야." • "모든 사람이 비웃을 거야." • "이는 최악이야."
C 정서 결과 1~10 척도 • 불쾌감 9 • 우울감 5 • 상처 8 • 분노 9 • 수치심 7	D 비합리적 신념에 대한 논박 • "맞아, 인생은 공평하지 않아. 그래서?" • "이 역할을 맡지 못했다는 것이 내가 형편없는 사람이라거나 나쁜 배우라는 걸 의미하진 않아." • "사람들이 비웃을지 모르지만 나는 상관하지 않아." • "이는 끔찍하지는 않아. 단지 작은 좌절일 뿐이야."
E 새로운 정서의 효과 새로운 등급 1~10 • 불쾌감 5 • 우울감 2 • 상처 2 • 분노 6 • 수치심 1	• "글쎄, 나는 이것을 완전히 포기할 수는 없어. • "나는 더 이상 기분이 나쁘지 않아." • "나는 이것이 개인적이지 않았다는 것을 이해해." • "나는 여전히 화가 나." • "사람들은 나에게 그렇게 많이 신경쓰지는 않는 것 같아."

심은 먼저 이것을 자신에게 적용할 수 있어야 한다는 점이다. 다음으로 예상했거나 희망했던 무언가에 대해 화가 나 있는 자신을 발견하여 사태를 더욱 더 악화시킬 수도 있는 이 상황에 대해 스스로에게 말하는 것이다. 상황을 과장하고 왜곡하며 악화시키고 있는 당신을 발견했거나 비이성적으로 생각을 하고 있는 당신을 발견했다면 더욱 적절하고, 이성적이며 사려 깊게 행동하라.

개입 전략

이 상담 분야에서 가장 연습이 필요한 부분은 오래된 기능 장애 패턴을 깨뜨리도록 디자인된, 다소 간략하지만 핵심을 파고드는 개입을 사용하는 것이다. 이들 전략은

1. 상황을 설명하시오. _____
_____
_____

2. 당신이 느낀 정서적 반응을 열거하고, 각각에 대한 감정의 강도를 1~10으로 표현해 보시오. ('첫 번째' 라고 쓰여진 칸에 표시하시오.)

정서적 반응	첫 번째	두 번째
_____	_____	_____
_____	_____	_____
_____	_____	_____
_____	_____	_____
_____	_____	_____

3. 정서적 괴로움을 유발하는 당신만의 비합리적 신념을 적어보시오. 그것이 아래 보기 중 어떤 것과 관련되는지 생각해 보시오.

① 세상이나 다른 이들이 '~해야 한다' 라고 생각함
② 현실을 과장하여 '끔찍한' 상황으로 만들기
③ 불공평하다고 투덜대기
④ 한 가지 일만으로 자기 자신을 판단해 버리기
⑤ 조금 실망스럽고 화가 난 것 뿐인데도 절대로 견딜 수 없을 거라고 스스로에게 말하기

비합리적 신념 찾기
_____
_____
_____
_____
_____

1. 스스로에게 아래의 질문을 던져서 자신의 비합리적 신념을 논박해 보시오.
 • 그렇다는 증거가 어디 있는가?
 • 꼭 그래야만 한다는 법이 어디 있는가?
 • 내가 어떻게 과장하고 있는가?
 • 이것이 정말 그렇게 끔찍한가, 아니면 단지 화가 나는 것인가?

2. 1번의 단계를 마친 뒤, 앞으로 돌아가서 정서적 반응의 강도에 변화가 있는지 '두 번째' 칸에 체크해 보시오.

교사의 훈련 범위를 넘어서고 있지만 (이들은 강력하며 감독하에 연습할 필요가 있다.) 지금 가용한 몇몇 행동 기술을 학습하는 것은 유용할 것이다. 학교 카운슬러나 심리학자와 컨설팅을 하여 이들 방법을 사용할 수 있다.

역설적 지시

이는 '역 심리학'을 설명하는 용어이다. 즉, 누군가에게 원하는 것과 반대되는 행위를 하라고 요청하는 것이다. 예를 들면, 밤에 잠을 잘 수 없을 정도로 과도하게 걱정을 하는 학생에게 가능한 오랫동안 의도적으로 깨어 있어 잠을 자지 않는 동안 매 시간 일기에 기록할 것을 요청한다. 이것의 목적은 걱정하는 것에 대한 걱정을 멈추게 하는 것이다. 따라서 깨어 있는 상태를 유지하는 것은 더 이상 문제가 아니며, 주어진 과제일 뿐인 것이다.

증상 처방

예를 들어, 계속해서 수업을 방해하며 그의 행동을 줄이려는 모든 노력에 저항하는 학생에게 의도적으로 수업을 방해하라고 요청하는 것이다. 이렇게 지시를 받으면 종종 반항적인 행동에서 재미를 느낄 수 없게 되곤 한다.

기적 질문

학생이 모든 것이 막혀 있고 희망이 없다고 느낄 경우, 그녀에게 미래에 문제가 해결될 때를 상상하라고 요청할 수 있다. 그리고 그 학생에게 어떻게 이런 기적이 발생했는지를 물어볼 수 있다. 이는 그녀 자신의 문제에 해결책을 제시하는 간접적인 방법이다.

예외 상황 탐색

학생이 다음과 같이 절대적인 용어로 자신을 묘사할 때 이 규칙에 예외를 둘 수 있다.

즉, "나는 숫자에 약해." 또는 "나는 다른 사람 앞에서 말을 하지 못해." 또는 "나는 항상 이런 식이야." 등을 말이다. 당신은 "이걸 잘할 수 있었던 시간이 있었는지 생각해 보세요."라고 말할 수 있다. 반응으로 어깨를 으쓱하기 일쑤이므로 예외를 발견하기 위해 더 깊이 파고들어야 한다. 이 전략의 주요 목적은 학생이 문제를 과장하고 있으며 문제의 결과를 너무 일반화하고 있는 상태를 깨닫게 하는 것이다. 모든 상황에서 문제 있는 행동을 나타내는 사람은 매우 드물다. 목적은 예외에 중점을 두는 것이다.

외현화하기

학생들이 그들의 행동에 대한 책임을 지도록 돕는 것의 반대는 이들이 자기 비난을 부인하도록 돕는 것이다. 문제가 학생의 외부에 있다고 가정하고 문제에 대해 언급하는 것이다. "그래서 싸움을 시작하고 싶은 충동이 느껴질 때는 언제니?" 이러한 언어 전환으로 학생은 공격을 당하거나 방어적인 느낌을 받지 않고 문제를 쉽게 이야기할 수 있다. 이를 통해 학생과 교사 연합을 형성하여 함께 '적'을 패배시킨다.

권한 위계질서

개별적인 행동은 독립적으로 발생하지 않는다. 대개 이는 다른 사람들이 행하는 것에 대한 반응이다. 이 반복되는 인과관계는 한 학생의 행동을 변화시키기 위해서는 어떻게 그 행동이 수업시간에 다른 학생, 자신의 행동 또는 가족으로 인해 강화되고 권장되며 자극을 받는지 살펴보아야 한다. 따라서 권한을 할당하여 변화를 이루도록 개입할 수 있다. 예를 들어, 학부모 모임을 계획할 때에, 학생에게 모임을 주관하도록 권한을 줄 수 있다.

위의 목록은 종종 행동에 극적인 변화를 초래할 수 있는 간략한 치료 샘플링에 불과하다. 이 영역에서 훈련을 받은 카운슬러나 치료사를 찾아가 당신 스스로 해결할 수 없는 어려운 상황에 대해 당신과 컨설팅을 해 줄 것을 요청하는 것이 좋다.

직면하기

때로 사람들은 어떤 선을 넘어섰다는 소리를 듣거나 말과 행동의 불일치, 또는 그들이 지금 말하고 있는 것과 전에 말한 것 사이의 불일치를 이해해야 할 필요성이 있다. 요점은 상대방이 방어적이 되지 않도록 직면해야 한다는 것이다.

따라서 가장 최선의 직면은 중립적으로, 사실적으로 그리고 심지어 잠정적으로 제시된다. 마치 그 사람에게 도움이 될 만한 것을 흥미로운 무언가를 발견한 것처럼 말하는 것이다. "참, 혼란스럽습니다. 학생은 학교에서 좋은 점수를 얻고 싶다고 말하고 있지만, 처음에 학생은 결코 공부를 하지 않는다고 말했어요."

당신은 학생을 관찰하고 그들이 하고 싶은 일을 결정하도록 한다. 분명히, 이는 개입 중에서 가장 강한 것이며 따라서 가장 신중하고 주의 깊게 적용되어야 한다. 당신은 가장 중요한 돌파를 감행할 수 있도록 도울 때 타이밍이 맞지 않거나 무감각한 직면으로 누군가를 소외시키거나 깊게 상처를 줄 수 있다. 따라서 직면을 시도하기 전에 핵심은 다른 사람을 아끼는 마음에서 이 개입을 제공하고 있는지, 또는 징벌하거나 그 사람의 기분을 다운시키는 시도를 하고 있지 않은지 스스로에게 자문하는 것이다.

다음 예제에서 교사는 방어를 유발하는 스타일로 학생과 직면하려 한다.

교사 : "나는 네가 전혀 멍청하다고 생각하지 않아. 단 너는 노력을 많이 하지 않는 것 같아."

학생 : "잠깐만요. 제가 게으르다는 말인가요? 만약에 그렇다면 저는 화가 납니다."

이 경우, 학생은 방어적이 되고 공격당했다고 느낀다. 교사는 단지 도우려고 했는데도 말이다. 그래서 대화는 쉽게 궁지에 몰리게 된다. 하지만 직면이 다르게 표현되면 결과는 완전히 다를 수 있다.

교사 : "나는 네가 여러 번 자신이 얼마나 멍청한가를 반복해서 말하는 것을 들었단다. 나는 그 말이 무슨 말인지 이해하지 못하겠어. 확실히 난 네가 정말로 똑똑했던 예를 생각

할 수 있단다."

학생 : "예, 선생님 말이 맞아요. 저는 어떻게 이야기가 끝나는지는 기가 막히게 잘 맞혀요.
저의 친구는 저의 열렬한 팬이에요. 왜냐하면 저는 항상 영화의 끝을 예상하니까요."

두 번째 예에서 교사는 학생의 어리석다는 자기 주장에 대한 반증을 제시하는 등
학생을 대면하는 데 신중을 기하고 있다. 그 교사는 그 학생의 체면을 깎지 않고 가능
한 한 중립적으로 관찰된 불일치에 대해 지적한다. 따라서 최선의 대면은 사람들이
그들이 대면하고 있다는 사실조차도 모르는 것이다.

격려

우리는 마지막을 위해 최선의 것을 아껴두었다. 학생들은 쉬운 해결책이 없고 지원해
주는 것 말고는 당신이 해 줄 수 있는 게 없는 걱정거리를 가지고 있다. 여기에서 격
려는 행위 기술로 열거된다. 왜냐하면 희망이 없는 사람에 희망을 품게 하는 것은 당
신의 입장에서는 숙고되고 의도적인 노력이기 때문이다.

백혈병에 걸렸거나, 아버지가 사고로 사망했거나, 부모가 이혼했거나, 살던 고향
에서 떠날 한 아이를 상상해 보라. 이러한 상황에서 당신은 어떤 행동을 제안할 것인
가? 물론 답변은 격려이다.

사실 당신은 그 아이가 긍정적인 마음의 상태를 회복할 것이라는 확신을 가지고
있다. 더욱이, 그 아이를 계속 지원할 것이다. 당신이 그 아이의 힘과 능력을 믿기 때
문에 그 아이는 균형 감각을 되찾을 것이다. 대개, 당신은 지원만 하면 된다.

제안 활동

1. 함께 작업할 파트너를 찾아 이 장에서 언급한 기술을 연습하라. 기본적인 주의집
   중 기술로 시작하라.

① 파트너와 대화를 가져라. 대화에서 당신과 파트너는 눈 맞춤을 해서는 안 된다. 그리고 몇 분 후에 눈 맞춤을 하는 데 집중하라. 그리고 차이점을 느껴라.

② 둘 모두 얼굴에 아무 표정도 짓지 말고 대화를 계속하라. 수 분 후에 둘 모두는 얼굴에 활기, 따뜻함, 표현을 나타내라. 그리고 차이점을 느껴라.

③ 대화를 하면서 당신이 당신의 파트너와 함께 하고 있다는 것, 그를 이해하고 있다는 것을 보여 주기 위해 고개를 끄떡이고 "아하(uh-huhs)" 등의 감탄사를 사용하는 등 더욱 협력적이 되라. 그리고 결과에 주목하라.

2. 함께 작업할 파트너를 선택하라. 먼저, 당신들 중 하나가 '내담자'가 되고 나머지 하나는 '조력자'가 되라. 내담자는 쉬는 시간 동안 활동에서 소외감을 느끼는 아이 역할을 하고 선생님과 교실 안에 머물고 싶다고 이야기한다. 조력자는 능동적인 듣기 기술로만 반응한다. 특히 재진술과 느낌의 반영 기술을 주로 사용해서 말이다.

3. 파트너와 함께 대화를 중단시키기보다는 개방형 질문을 던지는 연습을 하라. 각자 파트너로부터 최대의 정보를 얻을 수 있다고 믿는 세 가지 질문을 적고 그 파트너에게 중요한 문제를 검토하라고 권한다. 서로 질문을 묻고 그들의 효율성에 대해 기록하라.

4. 이 장에서 제시된 몇몇 기술에 집중하여 이것을 당신이 다른 사람과 관계를 맺는 일반적인 방식으로 만들어라. 매일 새로운 기술을 연습할 기회를 찾아라. 당신의 동료에게 당신이 인지하고 있는 대인관계 스타일의 차이를 이야기하라.

5. 전문가를 보조원으로 고용하여 이 장에서 제시된 기술을 적용하고 있는 당신을 관찰하게 하라. (또는 테이프로 인터뷰 내용을 기록하라.) 당신이 수행능력을 향상시킬 수 있는 방식에 대한 구체적인 피드백을 요청하라.

권장도서

Egan, G. (2006). *The skilled helper: A problem management and opportunity development approach to helping* (8th ed.). Belmont, CA: Wadsworth.

Evans, D. R., Hearn, M. T., Uhlemann, M. R., & Ivey, A. E. (2004). *Essential interviewing: A programmed approach to effective communication* (6th ed.). Belmont, CA: Wadsworth.

Hazler, R. J. (1998). *Helping in the hallways: Advanced strategies for enhancing school relationships.* Thousand Oaks, CA: Corwin Press.

Kottler, J. A., & Carlson, J. (2002). *Bad therapy: Master therapists share their worst failures.* New York: Brunner/Routledge.

Kottler, J. A., & Carlson, J. (2003). *The mummy at the dining room table: Eminent therapists reveal their most unusual cases and what they teach us about human behavior.* San Francisco: Jossey-Bass.

Kottler, J. A., & Carlson, J. (2006). *The client who changed me: Stories of therapist personal transformation.* New York: Brunner/Routledge.

Murphy, J. J. (2005). *Solution-focused counseling in middle and high schools.* Upper Saddle River, NJ: Prentice Hall.

Sklare, G. (2004). *Brief counseling that works: A solution-focused approach for school counselors and administrators* (2nd ed). Thousand Oaks, CA: Corwin Press.

Ungar, M. (2006). *Strengths-based counseling with at-risk youth.* Thousand Oaks, CA: Corwin Press.

Wilson, R., & Branch. R. (2006). *Cognitive behavioral therapy for dummies.* New York: John Wiley.

Wright, J. H., Basco, M. R., & Thase M. E. (2005). *Learning cognitive behavioral therapy: An illustrated guide.* Arlington VA: American Psychiatric Press.

05

학급에서의 상담기술

지금까지 우리는 문제학생과의 개인상담에 상담기술을 적용하는 것에 대해 논의해 보았다. 앞에서 언급한 모든 기술은 학급 운영이나 집단상담에서도 사용될 수 있다. 다음에서 제시하고 있는 예에서 교사가 수업을 방해하는 학생에게 반응하는 방식을 주의 깊게 보도록 하자.

학생 : "도대체 우리가 뭘 하고 있는지 전 모르겠네요. 화장실 좀 다녀올게요. 제가 맛이 가서 말이지요." (아이들 웃음)

교사 : "너는 우리가 지금 공부하는 것이 지루해서 좀 더 재미있는 것을 하길 바라는구나."

위의 교사는 학생을 꾸짖거나, 사소한 질문 자체에 대해 대답하거나, 아예 무시해 버리는 것과 같은 반응보다는, 아이가 한 말을 반영해서 되돌려 주었다. 물론, 교사는 버릇없는 행동에 대해 짜증이 나고, 교사의 권위를 위협받는 듯한 느낌도 있었지만, 이에 대해 도움이 되는 방향으로 대답을 한 것이다.

학급에서 학생들의 말을 할 때에, 말의 내용 자체와 감정을 반영해 주는 것 외에도 다양한 상담기술을 사용할 수 있다. 좀 더 탐색하고 싶다면 닫힌 질문보다는 개방형 질문(open question)을 사용하는 데 집중하도록 하고, 다양한 의견을 모으고 연결시키기 위해서 다양한 관점에서 토론을 요약하는 것과 같은 방법도 사용할 수 있다. 아마도 가장 중요한 것은 학생들을 가르치는 것만큼이나, 학생들의 경험에 대한 정서적 측면에 관심을 가져야 한다는 것이다. 이것은 호기심과 존중, 관용, 책임감, 배려의 가치를 강조하는 학급을 만드는 데 도움이 된다. 결국, 학생들은 서로를 통해 배우는 것처럼, 교사를 통해서도 배울 수 있을 것이다.

존중과 관용의 학급 만들기

존중과 관용의 학급을 만듦으로써 교사는 학생들이 저마다의 성격과 상관없이 교실에서 좀 더 편안함을 느낄 수 있도록 도울 수 있다. 이러한 과정은 교사가 계획된 수업과 상관이 없더라도, 중요한 문제와 관련한 주제라면 학급에서 토론할 시간을 허락할 때에 시작된다. 예를 들면, 3학년 수업에서 수학문제를 푸는 대신, 이민법 개혁에 대한 시위에 대해 토론하도록 하였다. 또 11학년 경제학 수업에서는 막스 베버의 이론을 배우는 것을 뒤로 미루고, 많은 학생들이 싫어하는 새로운 학교 교칙에 대해 의논하도록 하였다. 7학년 보건 수업에서는 성병에 대한 학습을 하다가 옆길로 빠져서, 얼마 전 약물 과다복용으로 죽은 한 학생의 형에 대해 이야기를 나누었다. 이러한 각각의 예에서 교사는 학생들의 요구에 반응하고, 그 후에는 원래의 수업을 돌아와서 뒤떨어진 진도를 따라잡기 위해 다양한 상담기술을 활용하였다.

최근에 일어난 학교 폭력부터, 선정적인 TV쇼나 뮤직비디오에 관한 다양한 주제에 대해서, 교사는 학생들이 자신의 생각과 느낌을 표현하도록 존중하고, 건설적 방법으로 이를 돕는 촉진자로서 행동해야 한다. 모든 학급에는 말을 너무 많이 하거나 전혀 하지 않는 학생들이 있고, 교사는 모든 학생들이 제대로 듣고 이해했는지 확인할 필요가 있다. 이를 위해 1분 말하기, 모든 사람이 한 번씩만 말하기, 순서대로 돌아가며 말하기, 가장 조용히 한 학생이 발표하기와 같은 방법을 사용할 수 있다. 학생들이 좀 더 책임감을 가지고 토론하도록 하기 위해서는 코리더(coleader)를 임명할 수도 있을 것이다.

갈등과 분쟁 해결하기

학생들이 교실에서 소리를 지르거나 버릇없는 행동을 하고, 욕설을 하며, 때로는 수업을 방해하는 경우가 종종 있을 것이다. 이미 앞에서 언급했듯이, 이럴 때에 교사는 그 상황과 학생의 행동에 대해 정확히 판단해야 한다.

- 이 행동의 의미는 무엇일까?
- 이 행동을 통해 아이가 얻을 수 있는 것은 무엇일까? 관심? 통제? 오락?
- 이 행동의 결과는 무엇일까? 더 좋아질까, 나빠질까?
- 내(교사)가 느끼는 감정은 무엇일까? 이 감정은 학생과 관련이 있는 것일까, 나 자신과 관련 있는 것일까?
- 지금 일어나고 있는 일이 혹시 아이의 가정에서, 혹은 우리 교실에서 벌어지는 일과 연관되어 있지는 않을까?
- 우울, 불안, 학대, 방치, 약물 남용과 같은 심리적 문제가 작용하고 있지는 않을까?

비록 학생의 행동에서 아이가 표현하고 싶어 하는 것이 무엇인지 즉시 알아차릴 수 없다 하더라도, 이러한 과정을 통해 마음을 진정시킬 수 있고, 이 상황을 지나치게 개인적인 것으로 받아들이지 않을 수 있다. 즉, 충동적으로 반응해서 갈등을 증폭시키기 전에 마음을 진정시키고, 상황을 판단할 시간을 확보할 수 있는 것이다.

교사의 일은 학생의 복지를 보호하는 것이다. 사실, 이것이 학생을 가르치는 것보다 더 중요한 것인지도 모른다. 의사들이 환자에게 해를 끼치지 않기 위해 주의해야 하는 것처럼, 교사들은 적대적이거나 심지어 학대받는 환경에 놓인 어린이들에게 안전을 제공할 책임이 있다. 그렇기 때문에 만약 학생이 다른 사람을 문화, 인종, 종교, 성적 정체감 또는 정신적 장애를 이유로 다른 사람을 괴롭히는 것을 보거나 감지했을 때에는 꼭 중재를 해야 하는 것이다.

만약 학급 구성원 모두가, 서로의 복지를 지켜줄 책임이 있다는 학급 분위기를 만든다면, 갈등을 많이 줄일 수 있을 것이다. 싸움이나 따돌림이 일어난 뒤에 이를 해결하려고 하기보다, 미리 배려하는 학급 분위기를 만들도록 하자.

따돌림 및 집단 괴롭힘에 대처하기

따돌림이나 괴롭힘을 묵인하게 되면, 어느 순간 피해자가 가해자로 돌변하여 폭력적 대응을 불러일으키는 경우가 많다. 누구나 학창시절에 괴롭힘을 당하거나 모욕을 당했던, 때로는 공포스럽기도 했던(때로는 선생님으로부터도) 경험을 가지고 있을 것이다. 이러한 경험은 일생동안 고통스러운 기억으로 남아 있다.

꼭 내가 담임하고 있는 학급이 아니더라도, 괴롭힘이나 따돌림이 발생하는 경우를 자주 볼 수 있을 것이다. 괴롭힘을 당하는 아이나 그런 상황을 목격한 아이로부터 이야기를 전해 듣기도 한다. 대부분의 아이들은 그런 일에 대해 도전하고 저항하기보다는 참고 견디려고 하기 때문에 그런 일은 지속된다.

이럴 때에 학급 회의에서 아이들이 괴롭힘 문제에 대해 좀 더 마음을 기울이도록 도와주자. 가해자와 피해자, 방관자의 입장에 대해 토론할 수도 있을 것이다. 이런 회의는 종종 긴장감을 유발할 수도 있는데, 그 이유는 괴롭힘을 당한 아이가 그동안 자신의 감정을 자유롭게 표현하지 못했기 때문이다.

여기서 더 나아가 괴롭힘에 대한 바람직한 대처방법과 인종차별, 편견, 학대에 대해 적절한 대응방안을 토론할 수도 있다. 어떤 학교에서는 한 아이가 다른 아이를 괴롭히려고 하면, 다른 아이들이 즉시 "우리 반에서 그러면 안 돼!"라고 즉각적으로 개입하도록 하고 있기도 하다.

진실된 배려와 관심 보여 주기

아이들은 선생님으로부터 관심을 받고 싶어 하며, 선생님이 명확한 규율을 세우고 아이들을 존중하고, 책임감 있게 해 주기를 바란다. 또한 아이들은 인간적으로 존중받길 바란다.

아이들을 잘 배려하는 교사는 수업을 의미 있는 방식으로 구조화하고 학습에 대한 동기를 촉진한다. 교사는 학생 개개인에게 관심을 가지고 아이들이 좋아하는 것뿐 아니라, 싫어하는 것에도 민감하게 반응한다. 이들은 학생들의 생활에서 어떤 일이 일어났는지, 무엇이 어렵고, 무엇을 성취했는지 관심을 가지고 지켜본다. 사실 이런 일은 등하교시간에 문가에서 아이들과 간단히 인사를 나누거나 수업시간에 다른 아이들이 과제를 하는 동안 잠깐 불러서 이야기를 나누는 것으로도 얼마든지 할 수 있다. 또 설문조사를 하거나 일기검사를 통해 아이에 대해 더 많은 것을 알 수 있다. 다른 방법으로는 방과 후 교실 활동을 통해, 교실 밖 아이의 모습을 관찰할 수도 있다. 아이들은 담임선생님이 자신을 보기 위해 운동장이나 강당을 찾아와 주는 것을 좋아한다.

선생님은 학급의 모든 학생에 대해 민감하게 반응할 필요가 있다. 학생은 공정하고 일관성 있는 선생님을 좋아하므로, 편애하는 인상을 주지 않도록 조심해야 할 것이다. 무의식적으로 특정한 아이나 몇몇 아이에게 더 좋아하는 모습을 보일 수도 있다. 따라서 공정함을 유지하기 위해 아이와의 상호작용을 모니터링해서 확인하는 것이 중요하다. 아이들의 질문이나 말에 대해 대답할 때에는 충분히 생각하고 대답하도록 하며, 어떤 아이들을 호명하고 이야기 나눴는지 기록하는 것이 좋다. 이를 위해서는 아이들의 자리배치표를 활용할 수 있을 것이다. 이렇게 하면 모든 학생을 보다 공정하게 대하는 데 도움이 될 것이다.

기대를 높이고 성취에 대해 칭찬하기

학생에게 높은 기대감을 보여 주는 것은 선생님이 자신의 능력을 믿고 도와줄 것이라는 확신을 아이에게 심어줄 수 있다는 점에서 중요하다. 아이에게 선생님이 자신이 성공할 것이라고 믿고 있다는 것을 알려 줄 필요가 있으므로, 아이에게 잘할 수 있을 것이라고 말하도록 하자. 학생에 대해 교사가 가지고 있는 긍정적 희망을 보여 주자. 학생을 부를 때에도 답변을 생각할 시간을 충분히 주는 것이 좋다. 또 힌트나 실마리를 줘서 올바른 답을 하도록 도와줄 수도 있을 것이다. 교실을 둘러보거나 걸어 다니면서 아이들의 행동을 지켜보고, 잘했을 때에는 성취한 것에 대해 칭찬을 하자.

잘한 일에 대한 칭찬은 의욕을 높인다. 아이가 얼마나 자랑스러운지에 대해 말할 때에는 나 메시지(I-messege)를 활용하도록 한다. 성과를 축하하고, 자신이 발전한 정도를 스스로 파악하도록 도와줘야 한다. 아이들의 연령이나 문화에 따라 공개적으로 칭찬할지, 조용히 불러서 칭찬할지 방법이 달라질 수 있으며, 학생에게 메모를 남기거나, 알림장에 칭찬을 적어 보낼 수도 있다.

개인상담에서와 같이, 반영이나 요약기술을 통해 아이의 말을 충분히 이해하고 잘 듣고 있음을 알려 주도록 하자.

집단에서의 조력 전략

이 장의 서두에서 밝혔듯이, 여기에서는 개인상담이 아닌 다른 상황에서 도움을 줄 수 있는 기술을 제시하고자 한다. 물론 한 아이와 개별적으로 상담하는 것은 주의를 집중하고 친밀감을 높인다는 장점이 있다는 것에 이견이 없지만, 그럴만한 시간이나 기회를 찾는 것이 사실상 매우 힘들기 때문에 — 성적 처리, 수업 준비, 회의 참석 등 — 개인상담을 하기 힘들 수 있다. 따라서 평소 학급을 운영하는 방식을 조금 변형시키거나 집단상담을 하는 것이, 문제를 가진 아이의 어려움을 다루는 대안으로써 활용될 수 있을 것이다.

과정 중심 집단 지도와 일반적 집단 지도와의 차이점

대부분의 경우, 교사는 교과내용을 준비하고, 학생들이 이를 통해 얼마나 배웠는지 그 정도를 평가하는 데 집중한다. 그래서 당신은 수업을 준비하고, 시청각 교재를 활용하는 것처럼, 협동학습 및 게임 활동을 위해 아이들을 모둠으로 나누어 과제를 제시하기도 한다.

그런데 과정 중심 집단에서는 이와는 다른 교육 경험을 제공한다. 즉, 교사가 과정 자체를 중요시하는 것이다. 다음 몇 가지 예시를 보자. 학년 초 학생들이 학급 규칙을 스스로 만들어 보도록 토론을 시킬 때에 학생에게 가르치고자 하는 것은 토론하는 방법 자체이며, 이런 방법에 아이들을 노출시키고자 하는 의도가 있는 것이다. 만일 학생들이 어떤 주제에 대해 어떻게 느끼느냐에 대해 토의하려 한다면 이것 또한 과정 중심 방법이라 할 수 있을 것이다. 논쟁거리가 많은 일이 학급에서 발생되었을 때에, 학생들이 그 주제에 대해 의견을 나누고, 어떤 종류의 해결에 도달하도록 돕고자 할 때에 토론의 내용 자체뿐 아니라 과정도 똑같이 중요하다는 것이다. 특히 이런 과정(성장) 중심적 경험은 다음과 같은 점에서 일반적인 학급 지도법과 다르다.

- 내용이 중요한 것이 아니다. 과정 중심 집단에서 학생에게 가르치고자 하는 특정한 내용은 없다. 대신에 교사가 할 일은 아이들이 자신의 가치관과 감정, 그리고 자신과 다른 사람에 대한 신념이나 경험을 탐색할 수 있는 안전한 환경을 제공하는 것이다.
- 아이들의 생각한 내용 자체보다는 생각에 대한 반응을 나누고 공유하는 활동 자체를 격려하도록 한다. 보통 수업시간에는 지식이나 기술을 향상시키는 데 중점을 두지만, 이러한 집단에서는 참여자가 경험했거나 경험하고 있는 것에 대한 지극히 개인적인 반응에 대해 이야기하도록 한다.
- 과정 중심 집단은 교사가 아니라 학생 중심이다. 대다수의 교실 배치에서, 교사는 교

실 앞쪽에 서 있게 되며, 교실에서의 모든 이목은 교사에게 집중된다. 사실 교사는 학급에서 가장 중요한 사람인 것이다. 아이들이 다른 학생이 말하는 것에 대해 반응하는 경우는 매우 드물다. 하지만 과정 중심 집단에서 교사는 조력자로서의 역할을 수행하게 된다. 주로 말하는 사람도, 가장 중요하게 기여하는 사람도 학생이다. 지도자의 역할은 모든 것을 가르치고 이끌어가는 것이 아니라 안내하는 것이다.

- 아이들은 오직 자신에 대해서만 말한다. '나'라는 대명사는 '우리'나 '너'를 넘어서서 강조된다. '나'라는 말을 사용함으로써, 아이들은 자신의 신념에 대해 보다 명확하고 진솔하게 표현할 수 있으며, 다른 사람에 대해 좀 더 민감하게 반응할 수 있다.

- 교사는 집단의 흐름과 역동에 주의를 기울인다. 아이들이 말하는 내용보다 어떤 방식으로 말하고, 서로 간의 관계가 어떤지, 지도자의 관심을 끄는 것이 무엇인지 주의를 기울이도록 한다. '누가 누구와 잘 어울리는가? 연합전선이 형성된 건 아닐까? 어느 정도로 응집력이 생겼을까? 아이들이 피하려고 하는 것은 무엇일까? 침묵의 의미는 무엇일까?' 등을 파악하도록 한다.

앞에서 언급했던 바와 같이, 과정 중심 집단은 전형적으로 두 가지 방식으로 나타난다. 첫 번째는 보다 깊이 있을 것이다. 아마도 한 학생이 다른 아이와 연관된 문제를 가지고 있을 수도 있다. 대부분의 경우, 교사는 학생의 말이나 행동, 무언가를 숨기려고 하는 모습을 통해 심상치 않은 느낌을 감지하곤 한다. 물론 모든 경우에 이러한 과정 중심 집단 활동을 활용하라는 것은 아니다. 매번 그렇게 하려면 다른 일은 엄두도 내지 못할 것이다. 그보다는 이 상황에 대해 보다 효과적으로 기능할 수 있는 방법들을 좀 더 다양하게 확보하는 것이 좋을 것이다.

과정 중심 집단이 활용되는 두 번째 경우는 학습 환경의 한 부분으로 활용하고 싶을 때이다. 문학이나 역사의 한 장면에 대해 역할극으로 표현하고, 그에 대한 감정을 나누고 싶을 때가 그 예이다. 아이들을 모둠별로 나누고, 이해하기 힘들었던 부분이나 자신의 느낌 등에 대해 이야기를 나누도록 지시한다. 아예 매주 정기적으로 아이들이 힘든 부분이나 궁금했던 것에 대해 이야기할 수 있도록 만들 수도 있다. 모든 경우에, 교사의 역할은 아이들이 서로 이야기를 나누고, 자신과 다른 의견을 존중하고, 적절하게 반응하는 것을 배우도록 돕는 촉진자라는 것을 명심하자.

과정 중심 집단의 장단점

과정 중심 집단은 개인상담과 견주어도 손색이 없을 만한 많은 장점을 가지고 있다. 예를 들어, 학교생활을 하면서 아이들은 매우 유사한 어려움과 걱정거리를 가지고 있다(약물, 폭력, 불행한 일 등). 아이들은 그런 감정을 느끼는 것이 자기 혼자만이 아니라는 것을 깨닫고 이러한 감정이 당연히 생길 수 있다는 것도 알게 된다. 또 일대일로 이야기를 나누는 것에 비해 교사의 시간을 좀 더 효과적으로 사용해서 보다 많은 아이에게 도움을 줄 수 있다. 게다가 모둠활동은 변화를 위한 지지체계가 될 수 있다. 아이에게 사회적 상황에서 성공적으로 행동하는 방법을 가르친다거나, 친밀감과 신뢰감이 있는 분위기를 형성하고, 서로에게 건설적인 피드백을 주고받을 수 있는 기회를 준다는 점에서 가치가 있다. 또한 많은 교사들이 학급에서 이 과정 중심 집단을 실시하게 되면서 더 즐겁게 생활하게 되었다고 말하고 있다. 그들은 아이들이 생각하고 느끼고 행동하는 것이 짧은 기간에 바뀌는 것을 보고 아이들의 삶에 중요한 변화를 이끌었다고 느끼게 되었다.

하지만 과정 중심 집단에 단점이 없는 것은 아니다. 강력한 교육적·치료적 힘을 가지고 있는 것만큼 해를 끼칠 수 있는 잠재력도 있다. 실제로, 집단 리더가 제대로 훈련받지 못했거나, 위기 상황을 대처할 준비가 덜 된 경우 감정적으로 상처를 받는 사람들이 많이 있다. 따라서 집단을 이끌어 갈 때에는 일반적 교사로서의 역할을 수행하거나 아동과의 일대일 상담을 할 때보다 더 많은 기술과 더 높은 수준의 리더십

| 표 5.1| 과정 중심 집단의 장단점

장점	단점
자원을 보다 효율적으로 활용하게 된다.	비밀 유지가 어렵다.
친밀감과 신뢰감을 장려한다.	보다 많은 기술과 능력이 요구된다.
변화를 위한 조력체계가 제공된다.	또래 압력, 구성원과 같이 행동해야 한다는 압박감이 있다.
대인관계 성공을 위한 기술을 가르친다.	학생이 개인적 차원의 도움이나 관심을 덜 받게 된다.
다양한 대리 학습 기회를 제공한다.	집단 리더(교사)의 통제와 영향력이 줄어든다.
새로운 행동 연습에 도움이 된다.	집단 리더(교사)의 훈련이 부족하고, 학생이 아직 준비되지 않았음에도 뭔가 해야 한다는 압력을 느낄 때 피해자가 생길 수 있다.
진실된 피드백이 제공된다.	
교사로서의 역할이 좀 더 즐거워진다.	

을 갖출 필요가 있다. 교사가 충분히 준비되지 않은 경우, 다음과 같은 여러 상황(또래 압력, 구성원과 같이 행동해야 한다는 압박감, 통제의 어려움, 복잡성의 증가 등)에 처하게 되는 순간 자신이 감당할 수 있는 범위를 넘어섰다고 느끼게 된다.

이러한 장단점을 표 5-1에 제시하였다. 만약 당신이 학급에서 아동의 정서적 성숙과 학업적 발달을 촉진시키기 위해 과정 중심 집단을 활용하고 싶다면 아래의 몇 가지 사항을 염두에 두어야 할 것이다.

1. 숙련가(학교 상담자, 사회복지사, 심리학자 등)의 슈퍼비전 없이는 집단운영을 삼가라.
2. 학생의 권리를 보호하기 위한 명확한 규칙과 한계를 정하라. 이러한 규칙에는 (다음의 것에 국한되는 것은 아니지만) 각각의 사람들이 말을 할 때에는 차례를 지켜야 하고, 상대방을 존중하며 말하고, 자기가 직접 말하며, 다른 사람을 방해하지 않는 것 등이 있다.
3. 아이들이 불편해 하는 선을 넘어 개인정보를 공개하도록 강요해서는 안 된다. 자신이 준비된 수준 이상의 것을 할 때 피해자가 생기기 때문이다.

4. 어린이 사이에서는 또래 압력이 매우 강하기 때문에 각 참가자의 개인적 권리의 보호에 더욱 신경 써야 한다.

5. 다양한 배경을 가진 어린이의 문화적 차이에 대해 관심을 가지고 적절히 대응하도록 한다.

6. 어린이들의 안전을 보호하고, 집단을 잘 운영하기 위하여 리더의 개입이 필요하다고 여겨지는 때가 언제인지 분명히 알아두어야 한다.

집단에 개입할 때

다음은 사람들이 상처받는 것을 방지하거나, 집단이 계속해서 진행되도록 하기 위해서 무언가 해야 한다고 여겨질 때 효과적 집단 리더의 역할이라고 보고된 내용이다. 다음의 목록을 명심하고, 과정 중심 집단 리더로서 충분한 경험을 쌓을 때까지는 늘 가까이에 두고 참고하도록 하자. 개입은 다음과 같은 상황에서 이루어진다.

1. 적대적이고 거친 행동을 금하라. 집단 구성원들이 서로를 모욕하거나 무시하는 행동은 절대 용납될 수 없다. 만약 한 명 또는 몇몇 아이가 다른 사람들을 그런 방식으로 대해서 상처받게 하는 것을 보았다면, 그때에는 즉각 개입해서 다른 방식으로 말하도록 도와야 한다. "은영아, 기찬이에게 같은 내용을 다시 한 번 말하되, 이번에는 기분 나쁘지 않은 방식으로 한 번 해 보겠니? 기찬아, 지금 기분이 어떤지 은영이에게 한 번 말해 보겠니?"

2. 모든 집단원이 동의하는 규칙을 강화하라. 과정 중심 집단을 시작할 때에는 집단에서 허용되는 행동과 그렇지 않은 행동에 대한 규칙을 세우게 된다. 일반적으로, 이러한 규칙에는 비밀 보장하기, 자신의 생각은 스스로 말하기, 대화할 때에 서로 존중하고 배려하기 등이 있다. 집단 리더의 역할은 이러한 규칙을 강요하는 것이 아니라 구성원들이 스스로 규칙을 따르도록 하는 것이다. "승기가 이번에도 늦었구나.

모두들 이 문제를 어떻게 다루고 싶니?"

3. 주제로부터 벗어나거나 산만해지지 않도록 하라. 집단상담시간은 매우 중요한 시간이며, 해야 할 일도 무척 많기 때문에, 집단 리더는 집단이 제대로 운영되도록 하고, 한 명이 집단을 통제하거나 지배하도록 해서는 안 될 것이다. 간혹 어떤 학생은 다른 사람을 기분 나쁘게 하는 상호작용 방식을 가지고 있을 수 있는데 이런 때에는 직접적 피드백이 필요하기도 하다. "창렬아, 주영이가 이야기할 때 자꾸 다른 곳으로 눈을 돌리는구나. 주영이가 논점을 벗어나서 너무 길게 이야기하는 것 같으면 네가 반응을 해서 주영이 스스로 알아차릴 수 있도록 도와주는 게 어떠니?"

4. 바람직한 모델이 되라. 평소의 교사 역할로서, 그리고 특히 집단 리더로서, 가장 중요한 역할 중 하나는 아이들에게 바람직한 모습을 보여 주고 배우게 하는 것이다. 이러한 모델링은 당신이 보여 주는 상담기술뿐 아니라, 자신감 및 침착함, 또는 표현하는 언어와 같이 자신을 표현하는 방법들을 통해 이루어질 수 있다. "방금 내가 '화났다.'라고 말했지? 그건 다른 사람에게 한 게 아니라 나 자신에게 한 말이었어. 상황을 내 나름대로 판단한 것을 바탕으로 한 말이지. 결국, 나는 이 상황에서 '화났다'라는 말을 함으로써, 내가 선택한 내 감정을 다시 한 번 떠올리게 되었단다."

5. 소극적인 상태나 지루함을 타파하라. 집단에서는 리더가 활기를 불어넣어 주지 않으면 생동감이 없어지고 지루해지는 경우가 있다. 사실, 학생들을 지도함에 있어서 지루한 집단상담회기보다 더 최악인 건 없다. 집단에 생기를 불어넣기 위해서는 다양한 활동을 할 수 있을 것이다. 유머, 즉흥적 행동, 역할놀이와 그 밖에 아이들의 에너지를 북돋을 수 있는 모든 행동을 사용하자. "좋아, 너희들이 졸린 모양인데, 조금 색다른 걸 해 보자. 지금부터 15분 동안 서로 집단원 중 누군가의 흉내를 내 보렴. 하지만 누구를 흉내 내는지 말해서는 안 된단다. 누구 흉내를 내는지 우리 맞춰 보자."

6. 비합리적이고 왜곡된 생각을 바로 잡아라. 앞서 제시한 예에서, 우리는 사람들이 사용

하는 언어가 그들의 내적 사고를 보여 주는 징표라고 표현하였다. 따라서 우리는 이러한 상호작용을 이용해서 스스로에게 말하는 법을 바꿈으로써, 생각과 행동도 변화시킬 수 있다. 통상적으로, 아이들이 다음과 같이 자기 패배적이거나 비합리적 방식으로 말을 할 때에 집단 리더가 개입한다.

외현화하기 : "애들이 모두 나를 괴롭히려고 하는데 내가 어떻게 학교생활을 잘할 수 있겠어?"

과장하기 : "오늘은 내 인생에서 최악의 날이야. 지금까지 살아오면서 이보다 더 나쁜 날은 없었어."

자기 비난하기 : "나는 정말 최악의 축구선수야. 너무 형편없어서 앞으로 아무것도 못할 거야."

책임 부인하기 : "내 잘못이 아냐. 운이 나빴어."

왜곡하기 : "내가 원하는 걸 이루지 못하면 난 죽을 거야."

각각의 경우, 집단 지도자는 학생의 표현을 올바른 방향으로 재진술해 준다. "네 말은, 네가 원하는 걸 얻지 못하면 좀 실망스러울 거라는 거지?"

7. 자기 개방을 독려하라. 교실에서의 행동 수정과 마찬가지로, 아동이 어떤 행동을 계속하고 다른 아이들이 이를 배우길 바란다면 그 행동을 강화해 줄 필요가 있다. "태섭아, 나는 네가 방금 자신의 생각을 주장하는 방식이 정말 좋았단다. 아주 재치 있고 점잖게 이야기를 하더구나." 자기 개방, 직접적이고 간결하기, 협력하기, 배려하기, 건설적 위기 감수하기와 같은 체계적 조력 행동을 할 수 있을 것이다.

8. 적절히 구조화하라. 너무 지나치게 구조화되거나, 반대로 확실한 방향이 없는 경우 모두 집단이 잘 이루어질 수 없다. 일반적으로 교사들은 일반 학급을 집단으로 편성할 때에 무조건 성공적 결과를 이끌기 위해 지나치게 통제하려는 경향이 있다.

그와는 반대로 구성원이 무엇을 해야 할지 몰라 집단이 갈피를 잡지 못하고 시간만 흘러가는 경우도 있다. 일반적으로 집단을 할 때에는 초기에는 좀 더 구조화하고 후반으로 갈수록 아이들이 스스로 선택하도록 책임의 폭을 넓혀 주는 것이 좋다.

9. **불평하지 않도록 하라.** 일단 아이들이 안전하다고 느끼면, 집단회기가 불평을 토로하는 장으로 변하는 것은 시간문제다. 아이들은 선생님, 부모님은 물론, 날씨와 잃어버린 기회, 또는 다른 수많은 가능성에 대해 모두 불평하기 시작할 것이며, 이처럼 마음에 들지 않는 것에 대한 장황한 불평은 거의 아무런 도움도 되지 못한다. 말을 할 때의 규칙은 오직 우리가 할 수 있는 것에 대해서만 언급하는 것이다. "충렬아, 네가 그동안 사람들에게 이미 알려진 이미지에 맞춰 살아가느라 힘들었다는 사실을 알려 줘서 고맙구나. 사실 우리는 이미 지나간 일에 대해서는 아무것도 할 수 없고, 다른 사람들이 너에 대해 자기들 멋대로 떠드는 것도 멈추게 할 수 없어. 하지만 앞으로 다가올 미래에 네가 어떻게 다르게 행동할 수 있을지에 대해서는 우리가 도울 수 있을 거야. 우리 거기에 집중해 보자."

10. **불안해하는 사람을 편안하게 만들라.** 때로 우리는 아이가 무언가로 인해 대단히 힘들어하는 징후를 포착하곤 한다. 금방이라도 눈물이 흐를 것 같은 모습이 그것이다. 또는 불안해하거나 아예 입을 닫아버리고, 때로는 분노하거나 화가 끓어오르는 모습을 보기도 한다. 이럴 때에는 아이가 지지받고 있다는 느낌을 가질 수 있도록 하는 적절한 개입이 필요하다. "형돈아, 너 지금 정말 많이 힘들어 보이는구나. 우리가 너를 좀 도와줄 수 없을까?"

11. **모순에 직면하라.** 직면하기는 어떤 사람이 자멸적이거나 모순적인 행동을 할 때 사용할 수 있다. 이 기술의 사용에 있어서 교사는 처음 시작할 때에 좋은 모델이 될 수 있으며, 시간이 조금 흐른 뒤에는 아이들이 스스로 이러한 장면에서 알맞게 활동할 수 있을 것이다. 때로 교사(리더)가 힌트를 줄 수도 있다. "민정아, 너는 희철이가 지금 말한 것을 듣고 잘 이해가 안 간다는 표정이구나. 아마 희철이가 전에 했던 말과 지금 한 말이 맞지 않기 때문인 것 같아. 희철이에게 네가 방금 들은 것

에 대해 말해 줄래?"

12. **건설적인 피드백을 나누라.** 직면하기에 대해 모델링하는 것처럼, 집단원을 관찰하고 유익한 피드백을 주는 방법에 대해서도 시범을 보일 수 있다. 교사(리더)가 이러한 피드백을 몇 번 하고 나면 아이들은 그러한 행동을 보고 서로 건설적 피드백을 지속적으로 주고받게 된다. 이상적으로, 피드백은 아래의 기준을 충족시킬 때 가장 건설적이라고 할 수 있다.

구체적으로. 지나치게 광범위한 피드백만큼 쓸모없는 것도 없을 것이다. 이러한 'yearbook[1]형 피드백'은 말 그대로 학년 말에 서로에게 짧게 글을 남기는 것과 다를 바 없다. "넌 정말 친절해. 앞으로도 변치 말길." 이런 류의 피드백을 받으면 처음 몇 분간은 기분이 좋지만, 그 기분이 사라지고 나면, 아무것도 남는 게 없다. 따라서 누군가에게 "네 말은 진지하게 받아들여지지 않아."라고 말하기보다는 좀 더 구체적으로 "네가 말할 때, 목소리가 잘 들리지 않는데다가 다른 사람을 잘 쳐다보지 않아서 다른 아이들이 네가 하는 말을 잘 새겨듣지 않는 것 같아."라고 말할 필요가 있다.

민감하게. 피드백은 종종 위협이 되기도 한다. 사실 사람들이 당신에 대해 생각하는 바를 정직하게 말하는 것을 듣는 다는 것은 상당히 두려운 일이다. 이러한 이유로, 피드백을 할 때에는 말하는 방식을 매우 주의해서, 학생들이 피드백을 잘 듣고 이를 받아들일 수 있도록 해야 한다. "미나야, 내가 너에 대해 정말 좋게 생각하는 것 중 하나는, 절제된 방식으로 네 자신을 표현하는 거란다. 네 말에는 힘이 있단다. 다만 앞으로 말할 때에 네 자신의 모습을 좀 더 보여 주면 더욱 좋을 것 같구나." 이처럼 좋은 피드백은 지지하는 부분과 건설적인 부분으로 이루어진다. (여기에서는 '긍정적' 또는 '부정적'이란 단어를 사용하는 것을 피하고 있음을 밝힌다.)

조력적인. 조력적인 언급에 대해 예를 들 때에는 정서적 지지를 해 주는 말뿐 아니라

---

1) Yearbook : 한 학년을 마무리하면서 펴내는 재미있는 사진과 전교생의 사진을 담은 앨범. 앨범 뒤에는 친구들이 그 학생에게 남기는 한 줄 정도의 짧은 글이 실린다.

보다 강한 언급도 할 필요가 있다. 이 경우에는, 말하고자 하는 구체적 행동에 대해 다음과 같이 상세히 표현하는 것이 도움이 된다.

"은서야, 너는 다른 사람들의 말에 동의할 수 없을 때 지금처럼 시무룩한 표정을 짓는구나. 지금처럼 말이야. 내가 말하고 있을 때에 네가 그런 표정을 지으니까 네가 내 얘기를 잘 듣지 않는 것 같이 느껴서 말을 멈추게 된단다."

이러한 예시와 같은 피드백을 교사가 먼저 아이들에게 제시하고 나면, 학생들이 서로에게 도움이 되는 제안을 하는 것을 촉진할 수 있다. 너무 권위적인 교사는 피드백을 할 때에 지나치게 힘과 통제를 사용하기 때문에, 학생들끼리 피드백을 나누지 못하게 되곤 한다. 하지만 그럼에도 불구하고 교사는 의사소통에 있어서 아이들의 좋은 모델이 될 수 있다.

또한 앞 장에서 다루었던 상담기술들은 집단상담 과정에서도 유용한 기술로 사용될 수 있을 것이다. 감정이나 말의 내용을 반영하거나 요약하는 상담기술은 개인상담뿐 아니라 집단상담 시에도 사용할 수 있다.

집단 활동의 다양성

교사들은 다양한 방식으로 교과과정을 집단 활동으로 조직하곤 한다. 그들은 이를 통해 수업의 흥미를 높이고, 정서적 성장경험과 함께 학습을 보충하며, 아동들이 겪는 중요한 문제들을(교우관계, 정체성, 가치관, 도덕적 정서적 발달, 관계문제, 스트레스 관리, 일상생활에서 겪는 그 밖의 여러 적응 문제 등) 스스로 다룰 수 있도록 돕는다.

교사들은 종종 구조화된 과정을 사용하곤 하는데, 이는 많은 학생들이 유사한 문제로 고민하고 있기 때문이다. 차사고로 어머니를 잃은 친구 때문에 속상해 하는 학생 한 명이 당신을 찾아왔다 하더라도, 당신은 곧 이 일로 깊이 영향 받은 다른 학생을 쉽게 찾아낼 수 있을 것이다. 어떤 아동은 평소보다 말수가 줄어들 것이고, 어떤 아이는 평소보다 오히려 더 눈에 띄게 행동할 것이다. 몇몇 부모는 그들의 자녀가 안전에 대해 비정상적으로 너무 많이 걱정하고 있다고 언급할 수도 있다. 이러한 경우, 교사는 사고에 대해 터놓고 이야기할 수 있도록 하며, 특히 이와 관련한 아동의 공포를 다루는 것이 적절하다. 이것은 아동의 감정을 표현하고, 명확히 하는 데 도움이 될 수 있는 집단 활동의 한 예이다. 아래에서는 다른 예를 다뤄보도록 하겠다.

구조화된 집단 활동

이런 종류의 활동은 학생들의 수업 자료에 대한 내면화를 돕고자 하는 교사들에게는 많이 친숙할 것이다. 이것은 매우 간단하게 할 수 있으며, 예를 들어 학급을 소그룹으로 나누어 영화나 책, 음악에 대한 소감을 나누도록 하는 것이 그것이다. 또는 주, 학기, 년 단위로 일련의 가상활동을 구조화하여 정교화할 수도 있다. 대부분, 아동들이 자기 인식을 넓히고, 타인에 대한 이해를 높이도록 돕는 등의 특정한 결과가 기대된다.

예를 들어, 사회교사가 '차별'에 대한 단원을 수업한다고 상상해 보자. 교사는 학생들이 가지고 있는 선입견, 그러한 태도가 어떻게 형성되는지를 스스로 깨달을 수 있도록 일련의 활동을 계획할 것이다. 미술교사는 학생들에게 그림을 보여 주고 나서 심미적으로 응답하도록 질문할 것이다.

협동학습의 소그룹 모델(tribes model)은 구조화된 그룹규범(개인적 생각과 감정을 서로 공유하며, 다른 사람에 대해 존중하고, 주어진 과제를 완수하기 위해 함께 작업하는 것을 강조하는)을 기초로 한다. 모든 상호작용에 있어서, ① 비밀 보장, ② 경청하기, ③ 부정적 의견 삼가기, ④ 개인적 사생활을 보호받을 권리와 같은 규칙도 확립된다. 이러한 집단규범은 학생 사이에서 새로운 분야를 탐색함에 있어서 안전함을 제공해 주며, 창조력을 표현하고, 거절이나 비난, 실패에 대한 두려움 없이 친근감을 높일 수 있는 '소그룹' 공동체를 만들기 위한 의도로 이루어진다.

집단 활동에서는 일관적으로, 규칙의 실행 및 토론을 통한 다른 사항을 만들기,

상호작용의 시작에 대한 책임을 교사가 아닌 학생들이 갖도록 한다. 교사는 구조를 제공하고, 주제를 탐색하며, 질문을 하고, 활동을 소개하며, 과제를 배당하는 등의 역할을 통해 집단 활동을 촉진시킨다. 이것의 목표는 행동을 돌보고, 책임감을 높이고자 하는 데에 있다.

어항 활동

교사는 교실의 한 가운데에서 소그룹 아동들과 작업하며, 그 동안 학급의 나머지 학생은 그 주변에 원을 만든다. 관찰자는 가운데 그룹 안에 있는 자신의 파트너에 대해 관찰하고 그 후에 피드백을 주도록 하거나, 소그룹 활동 자체를 관찰하는 것을 과제로 삼는다.

어항 안에 있는 참가자는 보다 친숙한 경험을 통하여 관찰자가 대리학습을 할 수 있도록 원칙을 보여 준다. 과정이 끝나고 나면, 관찰자와 참가자는 역할을 바꾼다.

고등학교의 한 반에서 학생들이 연극적 방법으로 성 차를 탐색하도록 하게 되었다. 여학생을 먼저 어항 안에 들어가서, 남학생이 평소 모여서 하는 행동이나 이야기를 떠올리고 흉내 내 보게 하였다. 오래지 않아, 여학생들은 축구, 성에 대해 이야기 나누는 소년들의 역할을 과장스럽게 하기 시작하였으며, 마초스러운 농담과 행동을 하고, 토론 내내 매우 시끌벅적하게 웃어댔다.

남학생 차례가 되었을 때에는 소녀들처럼 행동해 보도록 하였으며, 그들 역시, 얌전한 척하고 멋을 부리며, 힘없는 소녀들의 행동과 같은 상상 속 여성의 이미지를 떠올리며 그에 맞게 연기했다. 말할 필요도 없이, 밖에서 이를 지켜보던 소녀들은 더 이상 즐거워하지 않았으며, 이는 소녀들이 조롱했던 남자들도 마찬가지였다.

그 이후의 전체 수업에서는 맹렬한 토론이 이루어졌으며, 소년과 소녀들 모두 그들이 얼마나 성 역할에 갇혀 있었다고 느꼈는지에 대해 말했다. 그들은 조롱받는 것에 대해 분노를 표출하며, 미래에는 성차를 좀 더 세심하게 해결하는 방안에 대해 이야기를 나누었다.

지도 집단

학교 상담자가 시간과 자원, 조력자가 있다면, 지도 집단을 위해 대부분의 시간을 쏟을 것이며, 아동에게 가장 좋은 결과를 얻어 내도록 할 것이다. 어린이는 교과과정과 관련된 학습 영역 이외에도 매우 많은 분야에서 도움을 필요로 한다. 사실, 아동에게 그들의 교육과정을 직접 짤 수 있다면 가장 배우고 싶은 것이 무엇인지 목록을 적어 보라고 한다면 거기에서 관습적으로 늘 배우는 영어, 수학, 사회, 과학, 역사, 외국어, 도덕이 상위에 랭크되어 있지는 않을 것이다. 대신, 그들은 이성, 관계(무엇이 관계를 가깝게 하고 멀어지게 하는지), 부모(명령할 때 어떻게 해야 할지), 그때 그때의 흥미에 관한 주제를 더 선호할 것이다.

지도 집단은 즉각적 흥미를 일으키는 분야의 실용적인 부분을 특별히 훈련시켜서 아동의 학습영역과 관련된 주제를 보충하도록 조절한다. 이러한 방식은 본래 지시적 방법을 사용하기 때문에 다른 어떤 그룹방식보다도 더 친숙하게 느껴질 것이다. 문제 해결 방법이나 공부기술, 진로 탐색 또는 의사소통 기술 등에 대한 것 외에도, 이 집단에서는 아동이 흥미를 가지고 있는 주제에 대한 실용적 정보를 제공하거나, 아동이 처한 특수한 상황에 대해, 자신이 배운 것을 적용하도록 도울 수 있다.

조력 집단

지역구 내의 그룹에 속한 교사는 이웃으로부터 폭력을 당했다고 보고한 아동의 숫자에 깜짝 놀랐다. 아동을 관찰한 교사는 공동체 사회에서 경험한 것이 학업과 문제 통제에 대해 영향을 주는 것을 알게 되었다. 과로와 인원 부족에 시달리는 지역구 내의 상담자를 도와, 교사는 문제를 해결하기 위한 조직을 만들었다.

조력 집단은 교사가 아동의 일상적 삶을 더 잘 다룰 수 있다고 깨닫게 된 상담자의 지도하에 학교에서 조직된다. 교사는 준비와 훈련을 거쳐 두 명의 코리더가 팀을 이루어 학교에서의 조력 집단을 이끌도록 한다. 폭력 문제 이외의 다른 큰 문제는 약물과 알코올 중독에 관한 것이다(아동이나 부모에 대한). 따라서 집단은 이러한 두 가지 다른 관심 분야를 타깃으로 한다. 또한 학생들이 평소에 염려하는 것에 대해 이야기하는 기회를 제공하며, 어떤 것이 효과가 있고 그렇지 않은지에 대해 다른 사람으로부터 피드백을 받고, 그들이 혼자가 아니며 두려움과 이해를 함께 나눌 수 있다는 것을 배우도록 하고, 끝으로 이러한 힘든 시간 동안 서로를 돕도록 하는 커리큘럼으로 이루어진다.

교사를 위한 도움 구하기

과정 중심 집단을 이끄는 방법을 배우는 최선의 길은, 당신보다 더 능숙한 파트너를 구하는 것이다. 더 많은 경험을 가진 코리더와 함께라면 미지의 영역에의 모험에 대한 많은 걱정거리를 잘 지도할 수 있을 것이며, 곤란한 상황에 대한 안전망을 제공받게 될 것이다. 코리더는 집단을 시작하고 진행하고 마무리하는 것에 대한 대안적 방법을 제시해 줄 수 있다. 또한 각 회기가 끝난 후에는 집단과정에서 주의 깊게 지켜본 당신의 리더십 스타일에 대해 가치 있는 피드백을 줄 수도 있다.

이와 같은 파트너는 학교의 상담가나 행정가(교장, 교감), 동료교사 중에서 찾을 수도 있고, 이 분야에서 슈퍼비전을 제공해 줄 수 있는 전문가를 지역 대학에서 초빙할 수도 있다. 코리더는 당신이 새로운 모험을 시작하며 다소 걱정스럽고 불안해할 때에 이러한 흥분을 가라앉혀 주고 도움을 주며 자신감을 높여 줄 수 있을 것이다.

교실에서 위기상황에 대처하기

앞에서 배운 상담기술은 최종적으로는 교실에서의 전형적인 상호작용 속에서도 적용된다. 경험 많은 교사는 학생이 질문하거나 진술하거나 특정 행동을 할 때, 그에 대해서 반응하기에 앞서, 아이들이 진정으로 무엇을 말하고 싶어 하는지 이해하는 것이 최선이라는 것을 알고 있다. 개인상담 과정에서와 마찬가지로, 말의 내용뿐 아니라 숨겨진 감정까지 다룰 수 있어야 한다.

교사로서의 우리의 경험을 기초로 해서 우리는 다음과 같이 학급에서 학생에게 반응하기 위한 적절한 중재 방법을 열거해 보았다. 비록 이것이 집단상담기술이 아니라 학생 개개인에 대한 반응이긴 하지만, 이러한 기술은 말하는 사람뿐 아니라 이를 지켜보는 다른 학생에게도 영향을 줄 수 있다. 다음의 반응 중 일부는 단순히 관심을 끌기 위한 술책으로 비쳐질 수도 있지만 이러한 방법을 통해서 열린 마음, 정직, 솔직함, 배려와 언행일치 등 학생에게 가르쳐 주고자 하는 가치를 보여 줄 수 있다.

다음은 대부분의 교실에서 일어나는 특정 사건이나 질문, 진술, 행동에 대한 반응 목록이다.

- 학생이 교사에게 대답하기 어려운 질문을 했을 때
  "좋은 질문이야. 넌 어떻게 생각하니?"
- 학생이 잘못 알거나 틀렸을 때
  "너의 그 생각을 뒷받침할 수 있는 근거로는 무엇이 있을까?"
- 학생이 무엇을 말하고 있는지 교사가 이해하지 못할 때, 학급에 에너지가 필요할 때
  "말로 하지 말고 행동으로 보여 주겠니?"
- 학생들이 교사에게 도전할 때, 교사가 제안한 새로운 생각에 대한 학생들의 저항감을 느낄 때
  "나와 논쟁하려 하지 말고 네 자신과 논쟁해 보렴."(내게 시비 걸지 말고 스스로 생각해 보렴.)
- 질문에 대해 어떻게 대답해야 할지 모를 때
  "그것에 대해 알아보고 말해 주마."
- 학생이 모른다고 답할 때
  "그냥 생각나는 대로 말해 보렴."

- 학생이 집중을 못하거나 헤맬 때

  "좋은 생각이야. 그걸 우리가 지금 얘기하는 것과 어떻게 연결시킬 수 있을까?"

- 학생이 횡설수설하거나 교사의 주의가 흐트러져서 학생이 한 말을 못 알아들었을 때

  "네가 말하고자 하는 요점을 요약해 줬으면 좋겠구나."

- 학생이 조용하거나 소극적일 때

  "반응하는 게 두려운 모양이구나."

- 교실에서 에너지가 낮거나 자극적인 주제에 대해 논의하기 위해 소그룹으로 나눌 때

  "셋을 셀 동안 모둠을 나누어 보렴."

- 학생들이 교사가 말한 것에 어려워하여 그들의 경험과 연결시킬 필요가 있을 때

  "이것과 관련해서 한 가지 이야기가 떠오르는구나."

- 학생들이 무반응이거나 무례할 때

  "나는 네가 방금 한 말을 어떻게 달리 말할 수 있을지 궁금하구나."

- 한 학생이 지나치게 독점적이거나 관심 받고 싶어 할 때

  "쉬는 시간에 잠깐 얘기할 수 있을까?"

- 학생들이 무조건 "네."라고 대답할 때

  "너희들 방금 내가 말한 것을 정말로 동의하니(이해하니)?"

- 학생들이 자신의 시험, 보고서, 과제, 활동에 대해 어떻게 생각하는지 물을 때

  "너는 어떻게 생각하니?"

- 학생들의 기술수준이 형편없을 때

  "이건 좀 아닌 것 같구나."

- 일이 잘 해결되지 않을 때

  "네가 지금 여기서 하는 것이 어떤 것 같니?"

- 학생이 명백하게 힘들어하거나 좌절했을 때

"지금 네가 필요로 하는 것은 뭐니?"

● 교사가 가르치는 것이 전혀 통하지 않을 때

"다른 식으로 해 보자."

● 누군가가 시종일관 귀찮게 하거나 방해할 때

"너와 나 사이에 뭔가 있는 것 같구나. 이 문제를 해결하면 좋겠다."

● 일부러 교사를 약 올리는 학생이 있을 때

"도대체 이건 정말 뭘까, 왜 그럴까?" (스스로에게 물어보자.)

● 학생들이 한계를 시험할 때(지각, 일찍 가기, 교실 뛰어다니기, 과제를 늦게 제출하기 등)

"이건 문제가 된단다."

물론 이것은 어떤 교실에서나 흔히 볼 수 있는 장면에 대한 단순한 예시자료일 뿐이다. 이러한 반응들은 딱히 정해진 것이 아니고, 단지 어려운 상황에 직면했을 때에 침착함을 잃지 않고 도전에 직면하는 방법을 보여 주는 것이다. 또한 가장 내용 중심적 수업에서도 과정 중심 집단 요소를 활용할 수 있음을 보여 준다. 예를 들면 분수나 지시대명사를 배우는 수업시간에 학생에게 감정적 주제를 언급하는 것이다. 학생들이 스스로 바보 같다고 느낄 때나 자랑스럽다고 느끼는 것과 관련한 다양한 주제를 통해 내적 감정을 느끼게 해 본다. 이를 통해 학생들은 지루하거나 잘 이해하기 힘든 새로운 내용을 배울 때, 또는 실수를 했을 때에 느끼는 부정적 감정을 다루는 방법을 익힐 수 있다. 이는 안전한 정서적 환경을 만들어서, 학생들이 다른 사람의 도움을 좀 더 쉽게 구할 수 있도록 만들어 준다. 이러한 염려를 다루는 데에는 몇 분밖에 걸리지 않으며, 무엇을 어떻게 해야 할지 모를 때에 수업 분위기를 더 편안하게 만들어 준다.

제안 활동

1. 현재 당신이 속해 있는 학교, 직장, 가정, 놀이 그룹 내에서 역동과 과정을 주시하라. 이 그룹 내에서 당신의 특징적인 역할은 무엇인가? 그룹 구성원으로서 잠재적 리더로서 당신의 강점과 약점은 무엇인가? 이들 반응을 저널에 기록하고 그룹 토의에서 소리 내어 나누어라.

2. 아이들의 가치, 감정, 신념을 다루는 집단, 특히 당신이 편안하게 실행할 수 있는 활동으로 이루어진 구조화된 집단 활동을 골라 보자. 이러한 활동을 가지고 아이들, 학급 구성원, 친구들로 이루어진 그룹에서 적용해 보아라. 추후에 그들로부터 좋았던 경험과 싫었던 경험에 대해 피드백을 구하라.

3. 지원그룹의 코리더처럼 당신과 일하는 것에 동의하고 그룹을 이끈 경험이 있는 누군가를 동일시하라. 사람들(학교 상담가, 학교 심리학자, 학교 사회복지사, 더 많은 훈련 및 연수를 받은 선배 교사, 지역대학에서 온 상담 교육가)과 함께, 당신이 진행하고 싶은 종류의 집단 계획을 세워 보자.

4. 동료와 함께 과정 중심 집단에 구성원으로 참여한 경험에 대해 이야기를 나누어 보자. 이 경험에서 무엇을 배웠는가? 리더의 진가를 인정할 수밖에 없는 특별한 점은 무엇이었는가?

권장도서

Beaudoin, M. N., & Taylor, M. (2004). *Breaking the culture of bullying and disrespect, grades K–8.* Thousand Oaks, CA: Corwin Press.

Boynton, M., & Boynton, C. (2005). *The educator's guide to preventing and solving discipline problems.* Alexandria, VA: Association for Supervision and Curriculum Development.

Corey, G., & Corey, M. S. (2005). *Groups: Process and practice* (7th ed.). Belmont, CA: Wadsworth.

Franek, M. (2005). Foiling cyberbullies in the new wild wild west. *Educational Leadership, 63*(4), 39–43.

Gibbs, J. (1987). *Tribes: A process of social development and cooperative learning.* Santa

Rosa, CA: Center Source.

Iverson, A. M. (2003). *Building competence in classroom management and discipline* (4th ed.). Upper Saddle River, NJ: Pearson Education.

Kottler, E., & Gallavan, N. P. (2007). *Secrets to success for beginning elementary school teachers.* Thousand Oaks, CA: Corwin Press.

Kreidler, W. M. (2005). *Creative conflict resolution.* Parsippany, NJ: Good Year Books.

Marzano, R. J., Marzano, J. S., & Pickering, D. J. (2003). *Classroom management that works: Research-based strategies for every teacher.* Alexandria, VA: American Counseling Association.

O'Moore, M. (2004). *Dealing with bullying in schools.* London: Paul Chapman.

Ray, R. G. (1999). *The facilitative leader.* Upper Saddle River, NJ: Prentice Hall.

Roberts, W. B. (2006). *Bullying from both sides: Strategic interventions for working with bullies and victims.* Thousand Oaks, CA: Corwin Press.

Stone, R. (2005). *Best classroom management practices for reaching all learners: What award-winning classroom teachers do.* Thousand Oaks, CA: Corwin Press.

06

학부모와 의사소통하기

교사라는 직업이 가장 힘든 이유 중 하나는, 우리가 아이들의 학업과 복지를 위해 아무리 최선을 다해도, 학부모와의 협력 없이는 할 수 있는 일이 아주 적다는 것이다. 당신이 담임하고 있는 어린이는 당신으로부터 영향을 받기에 충분한 시간을 함께하고 있지만 불행히도, 일단 아이들이 학교를 벗어나면 그 아이들은 학교와는 전혀 다른 환경과 문화 속에서 살고 있을지 모른다.

민구는 당신의 학급에서 가장 뛰어난 학생 중 하나이다. 누구도 앞날은 모른다지만, 그가 대학에 진학하리라는 것은 의문의 여지가 없을 것이다. 그는 마음먹은 일은 무엇이든 할 수 있을 정도로 충분히 똑똑하고 매력적이다.

하지만 학교를 떠나면 너무도 다른 상황이 벌어진다. 민구는 홀어머니와 6명의 이복형제, 그리고 어머니의 애인과 함께 살고 있다. 그가 집에 책을 가져오면, 이복형제들은 그를 놀리며 괴롭혔다. 민구가 책을 읽거나 공부를 하고 싶을 때면, 텔레비전이 요란하게 울리고, 아이들이 싸우며, 어머니와 애인이 다퉜고 사람들이 왔다갔다 했다. 그 상황에서 민구가 선택할 수 있는 것은 아무것도 없었다. 민구는 가능한 집에 적게 머무르려고 노력했다.

민구의 어머니는 아들이 총명하고 잠재능력을 가지고 있다는 것을 알고 있다. 그래서 그녀는 아이들을 양육하는 데 자기 나름대로는 최선을 다하고자 하였다. 어느 교사가 그녀에게 아들을 신경 쓰지 않는다고, 아이에게 문제가 될 수 있다고 납득시킬 수 있겠는가? 학부모 간담회에서 이러한 사실을 말할 수 있을까? 그녀는 교사가 잘난체한다고 생각할 수 있다.

그녀를 앉혀 놓고 '가정에서 책 읽기'라거나 '아이를 특별여름 캠프에 보내기'와 같은 이야기를 할 수는 없을 것이다. 아마도 그녀는 다른 사람으로부터 떨어진 곳으로 자리를 옮겨버릴 것이다. 그게 엄마가 민구를 위해 할 수 있는 최고의 노력이었다.

부모의 문제로 인해 어려움을 겪는 아이

학부모의 협조가 없다면, 교사가 아이의 삶이 풍요로워지도록 돕는 데에도 한계가 있다. 따라서 교사가 할 수 있는 가장 중요한 일 중 하나는 학부모에게 교육적 과정에서의 파트너가 되어 달라고 도움을 요청하는 것이다. 물론, 아이들과 신뢰로운 관계를 형성하는 것이 우리 직업의 가장 중요한 부분이긴 하지만, 학부모와도 이러한 관계를 만들지 못하면, 우리의 수많은 노력은 한계에 부딪히게 된다.

과거 몇 십 년간 심리학 연구 중 가장 흥미로운 분야 중 하나는 바로 가족 체계에 관한 것이었다. 그것은 부모와 아이의 관계가 과업에 미치는 강력한 영향을 증명하는 것이었다. 이제 우리는 한 아이를 이해하고자 할 때에, 그 아이가 속해 있는 가족관계에서 벗어나 개별적으로만 바라보려고 하는 것이 무의미함을 알고 있다. 가족 안에는 연합관계와 숨겨진 권력, 보이는 것 이면에 행동을 강화하는 의식적, 무의식적 대화의 미묘함 등이 담겨 있다.

원래 준희는 학교에서 매우 협조적인 아이였지만, 최근 들어 그는 자꾸 성가신 버릇을 보이며 담임 교사를 짜증나게 하고 있다. 그는 학교 상담가를 만나게 되었고, 그 문제의 심각성 때문에 지역 상담자에게까지 의뢰되었다. 상담자가 준희를 몇 번 만나지 않았는데도 준희의 상태는 매우 좋아져서 예전의 모습을 회복하게 되었다.

몇 주 후, 상담자는 학교로부터 다시 연락을 받게 되었는데 이번에는 준희의 동생 준서가 문제였다. 그는 학교의 소화전 알람경보를 울려서 붙잡혔는데 이것이 특히 문제가 된 것은 준서가 최고의 모범학생이었기 때문이다.(그는 전 과목 최우수 학생이며, 학급의 반장이었다.) 준서도 역시 아주 짧은 상담을 거쳐 문제를 해결하고 본래의 모습을 되찾았다. 하지만 몇 주 후 상담자에게 부모가 직접 연락을 해 왔다. 그들은 막내아들이 버릇없이 굴고 공격적으로 행동한다고 하였다. 부모는 "도대체 우리 애들이 왜 이러는 걸까요?" "전에는 이런 문제를 보인 적이 한 번도 없었다고요."라고 말했다.

도대체 왜 그러는 것일까? 결국 이것은 부모가 부부갈등이 심해져서 집에서 부부싸움을 벌였던 것 때문임이 밝혀졌다. 주기적으로 격분해서 고함을 지르고, 문을 부서져라 닫는 것은 물론, 상대방을 몰아세우고 위협해서 나가버리곤 하는 일이 반복되었던 것이다. 부부가 의기투합될 때는 오직 아이들이 문제를 보일 때뿐이었다. 다시 말해 그들은 아이들을 위해서 잠시 휴전을 하고 힘을 모았다. 이러한 현상을 보여 주는 일례로, 한 번은 저녁식사 도중 그들이 겪는 총체적 어려움이 서로 상대방의 잘못 때문이라며 부부가 싸움을 하게 되었다. 말다툼이 아주 큰 싸움으로 번지려는 순간, 준희는 식탁 위에 있는 빵을 동생에게 던져버렸다. 곧 형제는 싸움이 붙었고, 부부는 이 상황을 진정시키기 위해 말다툼을 멈춰야 했다.

부모의 싸움을 막기 위한 아이들의 이러한 행동패턴은 어느새 일상적인 일이 되었다. 의식적인 행동이 아닐 때에도 그 효과는 두말할 나위 없이 매우 강력했다. 아이가 학교에서 말썽을 부리는 한, 부부는 이를 해결하기 위해 서로 협력했다. 일단 아이의 문제가 해결되고 나면 부부싸움이나 다른 가족 간의 싸움이 다시 시작되었다. 아이들의 문제 행동은 가족 내에서 안정적 기능을 하며 점점 더 심각해졌다.

이러한 가족 역동은 아이가 문제행동으로 얻을 수 있는 것이 아무것도 없음에도 불구하고 계속 문제를 일으키는 원인이 무엇인지 이해하고자 하는 교사에게 큰 의미를 줄 수 있다. 또 이러한 예는 부모와 교사의 의사소통의 본성을 이해하게 하기도 한다. 아이의 삶을 함께하는 중요한 타인(보호자)과 당신이 하는 일에 대해 협력하지 않으면 모든 노력은 수포로 돌아가 버린다. 따라서 간혹 어떤 교사에게는 가장 두려운 일일 수도 있는 부모와의 의사소통은 당신에게 아이의 가족 상황에 대한 가장 중요한 정보를 얻을 수 있는 최고의 기회가 될 수 있으며, 때로 더 나아가 이것이 부모의 행동에 건설적인 영향을 줘서 그들이 당신이 하는 일에 대해 좀 더 효과적으로 도울 수 있도록 하게 할 수도 있다. 물론 반대로 당신이 더 효과적으로 할 수도 있고 말이다.

교사가 학부모와 정기적으로 의사소통을 할 수 있는 세 가지 중요한 기회가 있다. 학교 행사인 공개수업과 학부모총회, 전화통화가 그것이다. 각각의 경우, 앞서 소개했던 상담기술은 대화를 생산적으로 이끌고 집중을 유지하는 데 매우 유용할 것이다. 당신은 아이들에게 했던 것과 같은 전략을 부모에게 적용할 수도 있다. 공고한 관계를 형성하고, 문제에 대한 그들의 생각을 말하게 하며, 이면의 감정을 반영해 주고, 그들의 걱정을 이해하고 귀 기울여 듣고 있음을 보여 준다. 그리고 한계를 설정하고, 목표를 상호협약하며, 이상적 변화를 만들기 위한 협력 계획을 설계하는 것이다.

학급 공개

가장 손쉬운 만남의 장은 바로 학급 공개인데, 그 이유는 거의 대부분이 이미 구조화되어 제공되기 때문이다. 많은 학교에서는 학년 초에 학부모의 학교 방문을 위한 계획을 수립한다. 이는 학부모들에게 자녀들의 교육 계획과 활동에 대한 개관을 제공하는 것을 물론, 담임 교사를 만날 기회를 주기 위한 것이다. 물론 이것은 매우 좋은 생각이지만, 현실에서는 교사가 질서를 유지하기 위해 애쓰는 동안 부모와 학생은 정신없이 여기저기를 뛰어다니며 엉망으로 끝나는 경우가 많다.

대부분의 경우, 교사는 학부모들과 몇 분밖에 이야기를 나눌 시간이 없기 때문에 좋은 첫인상을 남기는 것이 매우 중요하다. 아마도 당신은 거만하거나 부적절한 인상

보다는 교사로서 자신감 있고 능력 있는 준비된 모습을 보이고 싶을 것이다. 기본적으로 제한된 시간 안에 당신이 노력해야 할 것은, 가능한 매력적인 모습을 보여서 추후 면담을 하게 될 때에 학부모가 터놓고 말할 수 있게 하는, 다시 말해 유익한 상호작용이 이루어질 수 있도록 하는 것이다.

학급경영에 대한 안내 시간에, 교사가 할 수 있는 가장 중요한 일은 아이들의 교육과 생활지도에 대한 열정을 보여 주는 것이다. 프리젠테이션의 주요 목표가 학급에 대한 교사의 기대와 규칙을 밝히고, 연간 활동을 전반적으로 소개하는 것이라 할지라도, 학부모는 그런 당신을 예의주시하며 믿을 만한 사람인지 판단하고 있다는 것을 명심해야 한다. 아이들은 종종 집에 가서 교사에 대해 불평하곤 하는데(숙제가 너무 많다. 지루하다. 공정하지 않다. 자신을 미워한다. 선생님의 옷차림이 이상하다. 등등), 만약 부모를 같은 편으로 만들었다면, 부모는 아이의 불평을 멈추고 당신의 수고로움을 말할 것이다.

전화면담

가장 일반적이고 무난한, 그리고 가장 쉬운 면담 방법은 전화하기이다. 전화면담은 좀 더 편안하고, 덜 심각하며, 면담 약속을 잡기가 좀 더 쉽다는 장점이 있는 반면, 일반적으로 저녁에 이루어져서 교사의 개인적인 시간을 할애해야 한다는 단점이 있다.

많은 교사들은 전화면담으로 한 해를 시작한다. 교사들은 부모에게 자신을 소개하고 1년간 학급에 대한 자신의 기대와 계획을 알린다. 시간이 다소 걸리긴 하지만, 학급 공개에서 다루지 못한 부분을 보충할 수 있다.

일반적으로 전화면담이 아이들에 대한 긍정적인 피드백을 하거나 사소한 문제를 다루는 데는 가장 효과적인 방법이라는 것을 명심하길 바란다. 이 방법은 학부모가 학교의 행사에 지속적으로 참여하고, 의견이나 정보를 주고받는데 매우 유용하다.

다음은 전화 면담의 예이다.

- "이번 주 초에 혜린이가 무척 잘했던 것에 대해 말씀드리려고 전화했어요. 혜린이는 저에게 큰 힘이 되는 아이랍니다."
- "앞으로 몇 주간만 재민이의 숙제를 확인해 주셨으면 합니다. 그러면 아이가 숙제를 잘할 것 같고, 분명히 발전할 거라고 생각합니다."
- "오늘 학급회의 시간에 효빈이가 주도적인 역할을 했어요. 평소에는 조용한 편이지만, 중요한 점을 정말 잘 말합니다. 정말 인상 깊었어요."
- "동윤이는 에너지와 열정이 참 많아요. 그런데 종종 너무 흥분해서 자제력을 잃을 때가 있고, 특히 점심시간 이후에 사탕을 너무 많이 먹었을 때에 심한 것 같아요. 혹시 집에서도 비슷한 경우가 있는지 궁금해서요."

전화면담에서도 앞에서 언급한 모든 상담기술을 활용할 수 있다. 전화로는 당신이 얼마나 주의를 기울여 듣고 있는지 보여 줄 수 있는 비언어적 표현을 사용할 수 없기 때문에, 부모에게 당신이 계속 관심을 가지고 듣고 있다는 것을 느낄 수 있도록 말로 표현하는 것이 매우 중요하다. 이러한 것들은 매우 기본적인 것이지만 이러한 사소한 것이 긍정적 결과를 가져오는데 얼마나 중요한 역할을 하는지 알게 되면 무척 놀랄 것이다. 부모에게 좋은 인상을 심어 주고, 당신의 의견을 전해 주고, 얻고자 하는 정보를 수집할 시간은 불과 몇 분밖에 없다는 것을 꼭 기억하자. 또한 전화를 한 그 시간이 상담하기에 좋은 시간인지 확인할 필요가 있으므로 부모들과 대화를 시작하기 전에, 전화하기 편안한 시간인지를 확인하도록 한다. 만약 전화하기 편한 상황이 아니라면 다음에 전화면담할 시간을 정하자.

기본적으로, 전화면담을 해야 하는 몇 가지 이유는 아래와 같다.

1. 부모에게 자녀가 칭찬받을 만한 행동을 했다는 것을 알려 주기 위해 : "오늘 충렬이가 저를 많이 도와주었어요. 다른 아이들은 마구 장난치고 있을 때, 충렬이가 아이들을 조용히 시키더군요. 충렬이는 리더십이 있는 것 같아요. 칭찬해 주세요."

2. 학업성취에 대한 정보를 알리기 위해 : "지민이가 어제 본 시험에서 상위 5%에 들었습니다. 지민이가 지금까지 본 시험 중 가장 좋은 결과를 얻었네요."

3. 교사로서 알아야 할 정보를 수집하기 위해 : "민철이가 수업시간에 집중하기가 어렵다고 말하네요. 그리고 그것 때문에 전문가에게 치료를 받고 있다고 해서요. 상황이 어떤지, 그리고 제가 민철이를 도울 수 있는 방법이 있는지 좀 알고 싶네요."

4. 학생이 불복종할 때 부모를 지원자로 만들기 위해 : "대환이는 잠재 능력이 있어요. 하지만 이렇게 과제를 해 오지 않으면 성적을 제대로 받지 못할 것 같아요."

5. 교사가 관찰한 자녀의 행동 변화를 부모에게 알려 주기 위해 : "이번 주에는 기영이와 기철이 쌍둥이들이 무척 피곤해 보이네요. 혹시 아이들이 어디가 아픈 것은 아닌지, 아니면 무슨 걱정거리라도 있는 건지 염려되서요."

저녁에는 학부모의 일이 덜 끝나거나 가족끼리의 시간을 보내는 경우가 많기 때문에 많은 교사는 아이가 집에서 막 출발하고 학교 업무가 시작되기 전 아침시간에 전화해서 부모가 일하러 가기 전에 통화하는 경우가 많다.

전화를 할 때에는 대화 내용의 비밀 유지를 위해 조용한 장소를 찾도록 한다. 비밀은 절대적으로 보장되어야 한다. 또한 대화를 나누기에 충분한 시간이 확보되어야 한다. 만약 서둘러야 할 것 같다면, 차라리 전화통화를 다음으로 미루는 것이 낫다. 그리고 대화를 어떻게 시작할 것인지 할 말을 미리 준비하고, 꼭 전달해야 하는 핵심 요점들을 미리 적어놓도록 한다. 아마도 당신은 과거에 일어났던 일을 말하고 그 성공이나 실패를 야기한 원인에 대해서 이야기를 나누고 앞으로의 목표나 바람을 밝히고 싶을 것이다. 이를 위해, 필요한 경우 성적표나 출석부, 수행평가물과 같은 참고자료를 활용하면 더 도움이 될 것이다.

집으로 전화할 때에는 먼저 자기소개로 대화를 시작하고 밝은 어조로 말을 하는 것이 중요하다. 상냥하고 정중한 태도를 보이도록 하자. 최근 아이의 상황에 대해 설명할 때에는 객관적인 용어를 사용하도록 하고, 왜 전화했는지 이유를 명확히 밝혀야 한다. 아이의 부모에게 이 상황에 도움이 될만한 정보가 있을지 알려달라고 한다. 기억해야 할 것은 우리가 학부모의 도움을 무척 필요로 한다는 것이다.

복잡한 상황이라면, 학부모가 감정적이고 방어적인 반응을 보일 수도 있다. 이럴 때에는 상담기술이 매우 유용하게 쓰일 수 있는데, 학부모의 분노 감정을 반영하고, 그 의미하는 바를 요약하도록 한다. 학부모에게도 자신의 생각을 말할 충분한 시간이 필요하다. 이럴 때에는 그 말에 대해 재진술하거나 그 이면의 감정을 반영해 주는 것을 잊지 말자. 그리고 앞으로 어떻게 변화를 만들어갈지에 대해 대화를 이끌어가도록 하고, 이를 위해서 학부모의 지속적인 협조를 요청하도록 한다.

학부모는 궁금한 것에 대해 질문하고, 명확한 설명을 듣고, 문제에 대한 대안을 찾는 것이 당연하다. 부모는 아이가 학교에서 개인적으로, 사회적으로, 학업적으로 성공할 수 있도록 돕는 과정에서 교사의 파트너가 되어야 하기 때문이다. 학부모와 함께, 앞으로 일어날법한 상황들을 떠올려보고, 효과적인 계획을 세우기 위해 협조하도록 하자.

전화를 해서 이러한 핵심 내용에 대해 이야기를 나눴다면, 그 다음으로는 보호자가 잘 이해했는지를 확인하고, 마지막으로, 노력한 결과에 대해 평가하기 위한 통화 약속을 잡도록 한다.

만약 대화에서 뜻이 서로 대립되고, 불편하고, 비생산적이라고 여겨진다면 전화통화를 마무리하는 것이 상책이다. 시간이 다 되서 통화를 더 이상 하기 힘들다고 말하고, 직접 면담을 하기 위한 약속을 잡도록 한다(관리자나 학교 상담자가 함께 만날 수도 있고 그렇지 않을 수도 있다). 통화가 종료된 후에는 통화 내용과 의견이 일치된 부분, 다음 약속 시간 등에 대해 간단히 정리해서 적어놓도록 한다.

전자우편을 통한 면담

전화통화를 대신할만한 보조 수단은 바로 전자우편을 활용한 면담이다. 전자우편은 아이가 잘한 일이나 작은 발전에 대해 즉각적인 피드백을 해 주기에 매우 훌륭한 수단이다. 당연한 말이지만, 편지를 쓸 때에는 맞춤법에 주의하도록 하자. 또한 전자우편을 바로 확인하지 못할 수도 있다는 것을 항상 염두에 두어야 할 것이다. 이 경우에도 기밀 유지는 중요하므로, 편지를 전송하기 전에 부모에게 이 부분에 대해 확인을 받는 것이 좋다. 이렇게 편지를 보낸 기록이 나중에 전혀 생각지도 못한 목적으로 사용될 수도 있다는 것을 기억해야 한다.

홈페이지나 블로그 또한 학부모와의 의사소통뿐 아니라, 학급 소식을 공유하는 데에도 매우 유용하다. 모둠별, 개인별 과제나 가정통신 등을 웹페이지에 올려서 학부모와 친구들이 이러한 정보를 볼 수 있도록 할 수 있다.

학부모 간담회

일본어 과목을 가르치는 민영지 교사의 우편함 위에 수진이의 어머니가 상담을 신청하는 메모가 놓여 있다. 고 1인 수진이는 치어리더임에도 불구하고, 내성적이고 다른 아이들과 잘 어울리려 하지 않는다. 수진이는 믿음이 가는 아이이며, 학용품을 잘 챙기고 성적은 중간 정도였다. 대답할 때에는 작고 부드러운 목소리로 말하고, 활동에 잘 참여하며, 자신의 차례가 아니면 말하지 않곤 했다. 수진이를 담임하는 교사들은 모두 그 아이를 좋아했기 때문에 일본어 과목 교사는 면담 요청을 받은 것에 대해 무척 의아했다.

그녀는 면담을 준비하기 시작했다. 먼저, 수업 목표와 평가 절차가 포함된 수행평가 기록을 복사하고, 수진이가 제출한 과제, 퀴즈, 시험 결과와 수진이의 점수 내역을 적었다. 다음으로는 앞으로 제출할 과제물의 예시를 어머니에게 보여 주기 위해 준비했다. 마지막으로 학급 공개(학부모총회)날에 수진이의 어머니가 참석했었는지를 확인하기 위해 기록물을 살피고, 전에 다른 이유로 통화한 적이 있었는지 전화 통화 목록을 확인했다.

방과 후, 민 교사는 2개의 책상을 붙여서 서로 얼굴을 마주볼 수 있도록 배치했다. 모든 자료들을 준비하고 도대체 무슨 일로 면담을 요청했을지 궁금해하며 앉아 있었다. 곧 알게 된 사실은, 어머니와 학교 상담가(미국에서는 상담가가 학생의 수강신청 상담을 담당한다)가 2학년이 되어서 일본어를 배우기를 원했지만 수진이가 멋대로 결정해서 일본어 과목을 수강했기 때문이었다. 게다가, 수진이가 전국 대회에서 순위권 안에 드는 수영선수라서 대회 참석을 위해 학교를 결석해야만 했다는 것도 알게 되었다. 어머니는 수진이의 성적에 대해 걱정하였고, 교사는 계속해서 경청하며 어머니가 얘기를 계속 하도록 하였다. 민 교사는 수진이가 치어리더임에도 불구하고, 사실 어떤 상황에서는 매우 수줍음을 탄다는 사실을 알게 되었다. 이번 면담을 통해 교사는 학생의 행동에 대한 배경 정보를 얻고 더 깊은 통찰을 할 수 있게 되었다. 그녀는 수진이의 목표와 그 목표에 이르기 위한 결정들을 존중하고, 앞으로 수진이를 좀 더 잘 도울 수 있게 되었다. 이 면담이 끝난 후, 민 교사는 수진이가 수업 내용을 복습하고 연습할 수 있는 교재를 준비하게 되었고, 수업에 빠지게 될 때 이를 보충할 수 있는 과제를 계획하고, 아이가 수업에 잘 따라오고 있는지 확인하게 되었다.

흔히, 학부모와의 면담은 교사를 방어적으로 만든다. '도대체 이 사람은 나에게 뭘 더 원하는 거야?', '자기가 뭔데?'라는 생각이 들 때가 많다. 우리는 "난 별로 숙제를 많이 내주지 않았어요.", "시험을 그리 어렵지 않게 냈다고요.", "댁의 아드님을 괴롭힌 적이 없습니다." 등 학부모의 말에 반박할 말을 준비하곤 한다. 하지만 그럼에도 불구하고 학부모와의 면담은 자극이 되고, 도움이 된다. 부모들은 자신의 자녀가 잘하길 바라고, 교사가 아이들을 도와주길 바란다. 따라서 학부모들이 주는 정보를 통해 교사는 더 좋은 계획을 세울 수 있는 통찰을 얻을 수 있다. 앞의 예에서, 교사는 수지를 수업에 참여하도록 이끌 수 있게 되었고, 더 나아가 이러한 협력이 학생이 성공의 지름길로 가도록 도우리라는 것을 확신할 수 있다.

경환이 어머니는 아들의 형편없는 성적표를 받고 나서 4학년 담임을 만나기 위해 학교에 왔다. 경환이는 학교에서 매우 산만하고 성적도 좋지 않았다. 경환이의 어머니는 아이가 잘못할 때에는 때려달라고 하면서 집에서도 그렇게 하고 있다고 말했다. 교사는 물리적 체벌이 효과적이지 않고, 여러 부작용이 염려되기 때문에 다른 대안을 생각해 보는 게 어떤지 제안했다. 하지만 먼저, 교사는 경환이 어머니가 가지고 있는 학교에 대한 기대와 경환이가 매일 가져오는 과제물들에 대한 생각을 살펴보았다.

일단 협력적인 관계가 성립되자, 경환이 어머니는 자신이 도울 수 있는 방법을 탐색하려는 의지를 더 많이 갖게 되었다. 대화 도중, 경환이 어머니는 경환이가 막내라는 것을 말하게 되었고, 교사는 '울 애기'라는 호칭이 아이의 미성숙한 행동을 부추기는 건 아닐지 생각해 보게 되었다. 경환이의 두 형들은 모두 대학에 다니고, 경환이는 가수가 되겠다는 꿈을 가지고 있다. 실제로 아이는 4학년이지만 성가대에 뽑힐 정도로 소질이 있다. 이제 이러한 소질을 활용하여 교사가 아이를 도울 수 있을 것이다. 교사는 다음날 노래활동을 포함한 지도안을 만들었다. 경환이가 음악을 통해 배우고, 에너지를 불러일으킬 수 있도록 하기 위해서였다.

위의 두 예에서 본 것처럼, 학부모 면담은 다음과 같은 장점을 가지고 있다.

1. 아이의 흥미와 능력에 관해 도움이 될 만한 정보를 모을 수 있다.
2. 가족 간의 역동을 관찰하여 아동의 행동을 설명할 수 있는 단서를 찾을 수 있다.
3. 교육의 과정에서 파트너로서 학부모의 도움을 구할 수 있다.
4. 상호 동의한 목표를 세우고 이를 위해 함께 협력할 수 있다.

건설적 면담 만들어 가기

많은 부분에서 학부모 면담은 즉흥극과 같다. 물론 기본적인 대본은 있지만, 많은 부분은 즉흥적 행동으로 이루어지기 때문이다. 교사는 이 즉흥극에서 주요 인물이자 감독의 역할을 한다. 역할이 불분명할 수도 있지만 부모와 아이도 나름의 역할을 맡는다. 당신은 아마 다른 사람의 말이나 행동을 예상하여 예행연습을 할지 모른다. 일이 부드럽게 풀리도록 하기 위해서는 모든 부분에 대한 주의 깊은 생각이 요구된다.

면담 준비하기

드라마, 뮤지컬, 코미디 등 다양한 종류의 연극이 있는 것처럼, 학부모 면담도 다양하며, 각각은 독특한 구성과 대본 구조를 가지고 있다. 본질적으로 면담은 세 가지 방식으로 나눌 수 있다 — ① 학부모가 요청하여 시작하기(아이의 문제를 인식한 경우), ② 교사가 시작하기(정보를 얻거나 도움을 얻기 위하여), ③ 제도에 정해진 면담하기(매학기 교육과정에 정해진 면담 일정). 누구에 의해 어떻게 시작되었는지에 따라 면담의 목표는 조금씩 달라진다. 부모의 요청에 의해 이루어진 면담의 경우, 교사는 학부모가 걱정하고 있는 바에 대해 의논할 수 있도록 경청하는 기술을 주로 적용해야 할 것이다. 반면 교사에 의해 시작된 면담이라면 목표를 설정하고 문제를 해결하기 위해 많은 질문을 하고 정보를 수집할 필요가 있을 것이다. 정례적으로 정해진 면담은 가장 구조화 된 경우이며, 이때에는 교사가 학부모와 좋은 관계를 구축하고, 서로 의논하며, 학생의 사회적 학업적 발달에 대한 정보를 제공하는 데에 초점이 맞추어진다.

모든 경우, 학부모가 편하게 느낄 수 있는 언어를 사용하는 것이 중요하다. 지나치게 전문적인 교육 용어를 사용해야 할 때에는 그 의미를 명확히 하고, 예를 들어 주도록 하자. 또한 아이에 대해 섣불리 단정 짓지 않도록 조심하고, 선입견 없이 아이에 대해 말해야 한다. 정확한 표현을 하고 갈등을 피하기 위해 문제를 덮고 대충 넘어가서는 안 될 것이다.

학부모 면담의 각 단계에서 고려해야 할 사항이 몇 가지 있다 — 언제, 어디서 면담을 할 것인가? 면담은 얼마나 오래 할 것인가? 가능하다면 너무 촉박하게 다른 일정을 잡지 말아야 한다. 누가 참여할 것인가? 통역이 필요한가(다문화 아동의 학부모를 위하여)? 다른 교사도 참석할 필요가 있을까? 학생도 참석할 것인가? 등.

어떤 교사들은 면담에 학생을 참여시키길 좋아한다. 시험 삼아 별 생각 없이 학생을 참여시킬 수 있지만, 학생은 계획을 세우는 과정에서 적극적 참여자가 될 수 있으며, 종종 가치 있는 정보와 통찰을 주곤 한다. 사전 면담 시간에 학생에게 물어볼 만한 몇 가지 질문은 다음과 같다 — "네가 부모님과의 면담을 통해 얻고 싶은 것은 무엇이지?" "중재자로서 선생님이 어떤 역할을 해 주면 좋겠니?" 또는 "내가 우리 교실에서 일어난 일련의 사건들에 대해 말할 때 넌 어떻게 반응할 것 같니?" 등.

학생은 자신의 행동에 대해 단순히 경고를 받고 혼나기보다는, 앞으로의 성공적인 결과를 위해 책임감을 갖고 면담에 참석하도록 한다.

몇몇 교사는 학생 주도 면담을 도입하여, 여기에서는 학생이 계획에서 면담의 의장 역할까지 모든 단계에 대한 책임을 가지며, 리더십 기술을 발달시킨다. 이를 통해 학생은 긍정적이고 건설적인 상황에서 부모와 교사의 관심을 받을 수 있다. 교사는 학생이 면담에서 제시할 수 있는 학생의 수행평가 자료를 수집하고, 학생의 의사소통 기술을 향상시키기 위해 학생과 함께 작업한다. 이 경우, 교사는 면담 준비를 위한 과다한 업무를 줄일 수 있으며, 그 역할도 면담을 이끄는 리더에서 정보를 제공해 주는 사람으로 바뀌게 된다.

때로, 가정에 심각한 문제가 있거나, 아이 양육의 주도권 문제, 또는 학급에서의 심각한 문제가 있을 때처럼 학생을 참여시키는 것이 부적절한 경우도 있다. 면담을 할 때에 한 사람이 추가되면 그만큼 관계 구도가 달라질 수 있다는 것을 명심해야 한다.

면담을 계획하는 단계에서, 누가 면담을 이끌 것인지와는 상관없이 가구 배치에도 신경을 써야 한다 — 책상을 사이에 두고 앉는 것은 상징적 장벽을 두는 것과 같다. 얼굴을 마주하고 앉는 것이 가장 협조적인 분위기를 이끌어 낼 수 있다. 면담에 참석한 사람을 위해 편안한 의자를 준비할 필요도 있다. 면담의 장소 또한 신경 써야 한다. 방해받지 않을 수 있는 공간을 찾아야 한다(면담중이라는 메모를 교실 문에 미리 붙여 두는 것이 좋다.). 시간을 염두에 두고 진행해야 한다면, 사람의 이목을 끌지 않는 곳에 시계를 걸어두는 것이 좋다.

면담이 진행되면서, 당신은 학생의 수행평가 자료와 성적, 과제물 등을 필요로 할 것이다. 가능하다면, 학생이 교실에서 활동하는 장면을 담은 영상이나 사진 자료를 포함시키는 것이 좋다. 면담을 시작할 때에는 아이가 가장 잘한 결과물을 제시함으로써 긍정적이고 부드러운 분위기를 만들도록 하자. 또한 학생에 대한 질문 목록과 당신이 이루고자 희망하는 바를 미리 정리하는 것이 좋다.

소개하기

개인면담은 부모와 인사를 나누고 교사를 소개하는 것으로 시작된다. 악수를 하고 눈을 맞추며, 학부모가 면담에 참석해 준 것에 대해 대단히 기쁘게 생각하며, 환영한다는 말을 하도록 한다. 교실을 둘러보도록 해 주고, 학생에 대한 긍정적 말로 대화를 시작한다. 예를 들어 "아이가 학교에 오면 항상 인사를 밝게 하며 교실에 들어온답니다." "숙제를 참 잘해 와요.", "영준이가 수상안전교육(미국 적십자 과목)을 통과해서 수료증을 받았다고 하더라고요. 자랑스러우시겠어요."

학부모가 시간을 갖고 교실을 둘러보고 자세를 가다듬을 시간을 주도록 한다. 평소에 아이가 하는 활동을 설명해 주어도 좋다. 이를 통해 학부모와 아이가 집에서는 어떤지 이야기를 시작할 수도 있다. 어떤 학교에서는 전체 교사와 상담가 또는 학교장이 참석한 가운데에 집단면담이 이루어지기도 한다. 이런 경우에는 모두가 동의할 수 있는 행동을 다루고 목표를 수립하도록 하며, 지속적인 피드백과 모니터링이 이루어져야 한다. 기대되는 개선 및 발달 수준에 대해서도 일관성 있게 다루어져야 한다.

교사들은 모든 교사들이 볼 수 있는 향상 단계를 포함하는 공통의 목표를 수립하기 위해서 함께 작업할 수 있다. 이를 통해 학생이 어쩔 줄 몰라 당황하지 않도록 함과 동시에 긍정적 행동으로의 변화를 강조하도록 하며, 이는 행동과 학업적 성취 모두 포함될 수 있다. 이러한 계획을 통해 화합을 이룰 수 있을 것이다.

상호작용의 시작

면담을 잘 이끌어가는 좋은 방법은 바로 면담의 목적에 대해 이야기를 나누는 것이다. 이것이 정보를 나누기 위한 자리라면, 아이의 발달에 관한 자료나 결과물들을 제공할 수 있을 것이며, 확인된 문제가 있는 경우에는 일반적으로 개방형 질문을 사용하여 아이에 대해 질문할 수 있다? "준영이는 집에서 학교생활에 대해 뭐라고 하나요?" 경청과 탐색 기술을 활용하여 부모만이 제공해 줄 수 있는 아이에 대한 정보를 최대한 얻어낼 수 있도록 하라. 만일 학생이 같이 참석하고 있다면 아이에게도 대답할 기회를 주고, 질문을 하거나, 자신의 감정을 표현할 수 있도록 한다.

문제 해결

학생의 행동과 학업에 대해 언급하고, 아이의 강점과 약점을 짚어주도록 하자. 이번 학기의 궁극적 목표와 세부 목표를 밝히도록 한다. 또한 이때에는 교육학 전문 용어를 가급적 사용하지 않도록 해야 할 것이다. 학생이 자신의 문제에 대한 인식을 표현하도록 시킬 수도 있다. 아이에게 무엇이 장애물인지, 이 상황을 개선시키기 위해 요구되는 해결 방법은 무엇인지 생각해 보도록 하자. 만일 학생이 의사 결정에 참여한다면, 보다 성공적 해결 가능성이 높아질 수 있을 것이다. 비록 해결되지 않는다 하더라도 서로 다른 의견을 존중하도록 하며, 그 속에 들어 있는 공통점을 강조하도록 한다. 아이를 도울 수 있는 가능한 전략에 초점을 맞추고, 다음과 같은 질문에 대해 생각해 보자 — 무엇이 필요하지? 아이가 선택할 수 있는 다른 대안은 없을까? 누가 도와주지? 언제? 어디서? 얼마나 자주?

계획을 세우고, 시간표를 만들자. 부모의 책임과 아이의 책임을 명확히 하고, 이상적 목표에 이르기 위한 교사의 역할도 분명히 확립하도록 한다.

평가하기

이제 평가 계획을 염두에 둘 차례다. 결과를 평가하기 위한 추수 계획은 어떻게 세울 것인가? 추후에 학부모와 교사가 함께할 의사소통에 대한 계획을 세우도록 한다. 다른 면담을 할 것인지, 전화를 할 것인지, 집으로 진행상황에 대한 보고서를 보낼 것인지 계획을 세우자. 추수 보고 양식은 면담이 끝난 뒤 부모에게 학부모 면담을 통해 새로 배우고 얻은 것이 무엇인지 알아보기 위해 집으로 보내도록 하며, 이 과정에서 면담에서 의논된 주제 말고 추가적인 문제가 있는지도 점검할 수 있다.

결론

각각의 참가자들이 면담에서 이해한 바와, 자신의 의도를 요약하여 제시하도록 한다. 당신은 요점을 정리하거나 학생이 정리한 내용을 통해 면담을 정리할 수 있다. 학부모에게 아이의 성공적 학교생활을 위한 계획을 함께 세우고, 정보를 공유해 준 것에 대한 고마움을 표현하라. 또한 앞으로 어떤 도움을 필요로 하는지에 대해 피드백을 받도록 한다.

정리

면담이 모두 완료된 후, 교사는 자신의 역할 수행이 어땠는지 돌아보고 더 발전시킬 점이 있는지 다음과 같은 사항들에 대해 생각해 볼 시간이 필요하다.

- 학부모가 편안함을 느낄 수 있도록 했는가?
- 학부모의 질문에 대해 잘 대답할 수 있었는가?
- 학부모가 말할 수 있는 시간을 적절히 주었는가, 아니면 주로 나만 말했는가?
- 학생의 약점뿐 아니라 강점에 대해서도 충분히 이야기했는가?
- 면담에서 학부모나 학교가 아닌 학생에 중점을 두고 이를 잘 유지했는가?
- 계획을 잘 수립하였는가?
- 중요한 점을 잘 요약하였는가?
- 각각의 참여자들이 자신의 책임을 잘 알고 있는가?
- 잊고 말하지 않아서 다음에 언급해야 하는 사항은 없는가?

면담의 진행사항과 기억해 둘 만한 사항은 알아보기 쉽게 중요한 부분을 요약해서 적어 놓으면 다음 면담에서 참고자료로 이용할 수 있다. 이를 쉽게 할 수 있도록 정리 카드나 기록부를 만들어서 면담 보고서를 작성하면 더욱 좋을 것이다.

계획대로 이뤄지지 않을 때

가장 경험이 많다는 교사조차도 때로 어려움을 겪곤 한다. 학부모들이 늘 우리가 바라는 만큼 협조적이고 기분 좋게 나오지는 않기 때문이다. 편부모와 맞벌이 부모들은 약속을 잡기조차 쉽지 않다. 만약 어떤 부모가 자신의 개인적인 문제를 가지고 면담하러 온다면, 그들은 아이의 문제보다도 자신의 문제에 우선권을 두려고 할 것이다. 또 부모들은 아이의 문제를 바라보기 전에 공명판(sounding board : 내 얘기를 들어주는 사람)이 필요할 수도 있다. 때로, 이런 상호작용이 격해지다 보면 기분이 상할 수도 있게 된다. 또 교사를 권위적인 인물이나 억압적이고 불친절한 제도의 대표자로 인식하여 약간의 분노를 느낄 수도 있다. 이런 저런 이유 때문에, 겉보기와는 달리 아이를 돕는데 그리 도움이 되지 않을 것 같은 부모를 만날 수도 있다. 교사를 놀라게 하기도 하고, 방어적이거나, 극도로 공격적이면서, 요구가 많아 대하기 어려운 부모를 만날 수도 있다. 다음의 몇 가지 사례를 검토하면서 이런 도전적인 부모를 면담하는 전략에 대해 논의해 보자.

화가 난 부모

"내 딸이 그럴 리 없어요. 그리고 나는 당신이 그런 식으로 추잡한 거짓말을 하는 것이 화가 납니다!" 민지는 어휘시험을 볼 때에 커닝을 하다가 걸렸다.

분노는 보통 좌절감에서 기인한다는 것을 인식하는 것이 필요하다. 이런 상황에서 가장 좋은 대처법은 수용적인 태도를 유지하며, 부모가 자신의 감정을 표출하도록 하는 것이다. 이를 위해 경청 기술과 공감적 태도를 사용한다. 사실 당신도 교사로서의 권위를 위협받는다고 느끼는 상황이기 때문에 화가 날 수 있어서, 이렇게 대처하기가 어려울 수도 있다. 이때 자기 조절이 도움이 될 것이다. 화난 감정의 강도가 약해질 때까지 반영과 경청 기술을 이용하는 것이 좋다. 화내지 말라. 이는 단지 문제를 악화시킬 뿐이다.

문제를 해결하기 위해 부모가 도와야 할 항목을 나열하는 식의 문제 해결 방식에서 논의의 초점을 변화시켜라. 논쟁이 일어날 때에 명심해야 할 일반적 규칙은 다음과 같다―한 가지 방식이 기대한 만큼의 성과를 보여 주지 않는다면 그 방식을 고집하지 말고, 다른 방식으로 해 보자. 예를 들어, 만약 부모의 마음을 변화시키는 것이 쉽지 않을 경우에는, 더 열심히 노력해서 부모의 마음을 변화시키려고 하지 말고 그만두는 것이 낫다는 말이다. 되지 않는 일에 매달리기보다는 다른 일을 하는 것이 더 낫다. 하지만 어떤 상황에서도 서로 소리 지르는 다툼으로 번지지 않도록 하는 노력은 끝까지 해야 할 것이다. 평정심을 유지하기 위해서는 내적 언어를 사용하는 것이 효과적인데, 이것은 나의 문제가 아니며, 저 부모는 단지 자신이 할 수 있는 최선을 하고 있는 것이며, 그를 굴복시키려고 해서 얻어지는 것은 아무것도 없다는 등의 말을 스스로에게 한다.

일반적으로, 만약 부모가 지나치게 무례하게 굴거나 모욕적인 말을 한다면 그 선을 확실하게 그을 필요가 있으며, 이 경우, 동료교사나 관리자가 중재자로서 당신을 지원하도록 하는 것이 좋다. 다른 시간으로 약속을 잡는 것도 효과적인데, 그 이유는 부모들이 냉정을 되찾을 수 있는 시간을 가질 수 있기 때문이다.

당신의 성품이 아무리 평온하고, 교섭을 잘하며, 상대를 자극하지 않고 부드럽게 말할 수 있다 할지라도, 타당한 이유도 없이 당신을 당황하게 만드는 부모를 만날 때가 있다. 그런 만남을 대비해서 미리 준비하도록 하자. 그렇게 해야, 전문적으로 행동할 수 없을 때에도 당황하지 않게 될 것이다. 이 면담이 가능한 한 조화롭게 마무리되도록 하자.

좌절하는 부모

동일이의 아버지는 "내가 뭘 어떻게 해야 할지 모르겠어요."라고 말했다. 그녀는 아들의 성적표에 D가 있는 것을 보고 좌절했다. "우리 아들은 꽤 괜찮은 아이예요. 우리 부부는 높은 기대를 걸고 있었는데, 요즘 아이는 학교생활에 그렇게 신경을 쓰는 것 같지 않네요."

부모는 아이의 태만한 행동에 지나친 관심을 가짐으로써 자녀의 건전한 성장을 방해할 수 있다. 아이는 부모에게 다음과 같이 말하고자 하는 욕구가 있다. "엄마(아빠)가 뭐라고 해도 나는 하기 싫은 일은 하지 않을 거예요. 만약 자꾸 억지로 시키려고 하면 나는 엄마(아빠)가 원하는 것과 반대로 행동할 거예요."

어떤 부모는 자녀의 재능이나 흥미와는 상관없이 아이에 대해 비현실적인 기대를 갖기도 한다. 이러한 부모는 자녀가 그들의 기대를 충족시키게 하기 위해 압력을 가하며 결과적으로 실망을 낳게 된다.

좌절된 부모는 그들의 말을 들어줄 사람을 필요로 한다. 당신은 그들이 '현실 체크'를 하도록 도움으로써 효과적인 지원을 할 수 있다. 그들이 원하는 것과 실현 가능한 것을 비교해 보도록 한다. 이를 통해 그들이 자녀에게 부여한 목표의 정도를 이해하도록 도울 수 있다. 자녀는 스스로의 삶의 일정표를 가지고 있을 것이다. 마지막으로, 당신은 그들이 실망스런 결과를 초래하도록 하고 있는 행동을 나열해 보도록 도와줄 수 있다. 우리가 이전 장에서 언급했던 전략을 적용하면서, 아이가 숙제를 하도록 계속 잔소리하는 것은 정리되어가는 사춘기를 감소시키기보다는 이 아이가 현재의 단계를 실제로 인정해버린다는 것을 깨닫도록 도움을 주었다. 그럼으로써 아이 자신도 언제나 그의 아버지를 실망시키고 있는 것처럼 느끼기보다는 차라리 자신의 삶에 대한 책임감을 더 취할 수 있는 자유가 주어졌다.

어려움을 겪고 있는 부모

"진희는 내가 챙겨 줘야 할 것들이 너무 많은 아이에요. 내가 최근에 겪고 있는 일에 제대로 집중할 수가 없었어요. 진희가 제 도움을 필요로 한다는 것은 알지만, 가끔 도울 힘조차 없어요."

어려움을 겪고 있는 부모는 누군가 주변 사람(가족, 친구) 중에 자신의 이야기를 들어줄 사람을 필요로 한다. 어떤 상황에서, 당신은 공감적이면서 고도의 상담기술이 있는 전문가로 보일 수 있다. 그래서 괴로운 사람들이 이해받는다고 느끼도록 도움을 줄 수 있을 것이다. 하지만 대부분의 상황에서, 당신의 주요 임무는 부모가 전문가로부터 도움을 받도록 하는 조언을 존중할 수 있도록 충분한 신뢰관계를 형성하는 것이다. 억압되어 있고, 불안한 정서에 있거나 또 다른 정서적 문제로 어려움을 겪는 부모는 자신의 자녀를 도울 수 있는 처지가 아니다. 당신이 해야 할 일은 그들이 전문적인 치료자나 의사를 찾아갈 수 있도록 하는 것이다. 부모를 위해서 라기보다는 아이를 위해서라도 그렇게 해야 한다.

전문적인 도움을 구하는 사람을 격려하는 일은 말하는 것처럼 그다지 쉽지 않은 일이다. 정서적인 곤란을 경험하는 사람들은 보통 정신건강 전문가를 방문하는 것에 대해 저항하곤 한다. 이는 그들이 '미쳤다'는 딱지를 달고 다닐까 하는 두려움 때문이다. 부모들이 그들의 관심사를 말할 수 있도록 안내해 주고, 그 다음 확실하게 그들이 문제를 해결하는 방식으로 따라올 수 있도록 격려함으로써 부모를 보다 쉽게 길을 열어 줄 수 있다. 당신은 아마도 부모를 도와줄 수 있는 여러 상담 및 교육기관을 알고 있을 것이다. 그곳을 찾은 부모는 다른 부모도 같은 문제로 어려움을 겪고 있다는 사실에서 안심할 수 있을 것이다.

교사를 조종하려고 하는 부모

"전화로 저희 딸아이 성적을 바꿔 주실 수 없다고 하신 말씀 잘 알았습니다. 선생님께서

워낙 잘 알아서 판단하셨겠지요. 그런데요…."

학부모가 모두 당신에게 원하는 바를 직접적으로 표현하는 것은 아니다—당신이 원치 않거나 불편하게 여길 수 있는 일에 관련한 용건을 숨길 수도 있다. 그 중 하나의 예로 성적을 올려 달라는 이야기를 들 수 있다. 또 어떤 부모는 자기 아이만 특별히 더 예뻐해 주길 바라는 경우도 있고, 당신이 불합리하게 결정을 내리길 바란다거나 부적절한 부탁을 들어 주길 바라는 경우도 있다.

이러한 상황에 내재된 갈등은 부모가 당신에게 뭔가를 원한다는 것이다. 그들은 당신에게 직접적으로 부탁을 하면 당신이 거절할 것을 알고 있다. 그래서 그들은 자신들의 의사를 교묘하며, 솔직하지 않은 방법으로, 비밀스럽게 처리하고자 한다. 이러한 부모 중 몇몇은 자신의 힘을 이용하여 겁을 주거나 ("제가 교육위원회에 잘 아는 친구가 있는데 말이지요.") 위협하기도 한다("선생님이 이 문제에 대해서 그렇게 꽉 막힌 태도를 계속 보이신다면 징계 받으실 수도 있어요. 제가 연판장을 돌릴 수도 있어요.").

이러한 학부모를 잘 대할 수 있는 쉬운 요령은 없다. 우리는 명확한 해결책이 있는 상황보다는 당신에게 경고가 될 수 있는 환경조건에 대해 언급하고자 한다. 우리는 그저 당신이 전문가적 규범을 지키고 교묘한 책략에 굴복하지 않도록 격려할 뿐이다. 너무 늦기 전에 무슨 일이 일어나고 있는지 깨달아야만 한다. 그리고 그러한 자각은 경험으로부터 우러난다.

좋은 슈퍼비전과 조력은 매우 중요하며, 특히 경력이 길지 않은 상황이라면 학부모와의 면담을 조직하는 안팎의 것은 물론이고 업무의 모든 면에 대해서 배워야 한다. 이런 학부모와 충돌하게 된다면, 반드시 당신 편에 서 줄 누군가가 필요하다—교장, 멘토교사, 선배 교사, 그 밖에 당신이 처한 궁지에서 어떻게 벗어날 수 있는지 조언하고 도움을 줄 수 있는 사람.

조용한 부모

이런 유형의 학부모는 면담하기 가장 어려운 사람 중 하나이다. 너무 긴장을 해서 그럴 수도 있고, 바라는 바가 불분명하다거나, 영어 능력이 부족하거나, 원래 수동적인 성격이라서 그럴 수도 있는데, 이런 학부모는 회의시간 내내 거의 한 마디 말도 없이 앉아 있곤 한다. 다른 문화권에서 온 가족도 교사 앞에서 그저 조용히 앉아 있을 수 있다. 당신은 혼자서 수다를 떠는 느낌으로 시간을 보내며, 어떻게 해야 할지 무척 불편하게 느낄 수 있다.

조용한 학부모를 대하는 방법은 그 사람이 왜 그렇게 말이 없는지 그 원인에 따라 달라진다. 따라서 당신은 다음과 같은 생각을 먼저 확실히 밝힐 필요가 있다 — "말씀하시길 별로 안 좋아하시나 봐요." 그러면 학부모는 자신이 조금 불편해서 그러는 것인지, 아니면 선생님이 무엇을 원하는지 잘 몰라서 그런 것인지, 아니면 그냥 말을 별로 하지 않는 것인지 분명히 밝히게 될 것이다. (당신이 물었을 때에도 그저 "네."라고만 대답하는 사람이 있다면 마지막의 원래 말을 별로 하지 않는 사람이라고 생각하면 될 것이다.)

어떤 경우에는 언어가 장벽일 수 있다. 이런 경우에는 학교의 통역사라거나 다른 가족 구성원의 도움을 받을 수 있을 것이다. 학교 문화 자체가 완전히 낯선 부모도 있을 수 있다. 전에 학교를 한 번도 다닌 적 없는 아동의 학부모를 만날 수도 있기 때문이다.

대부분의 경우, 학부모가 자연스럽게 당신을 알고 신뢰해서 입을 열고 말할 수 있도록 충분히 인내심을 갖고 기다려야 할 필요가 있다. 하지만 명심하자. 침묵을 견디기 힘들다는 이유로 쉴 새 없이 당신 혼자 떠들게 되면 학부모는 아예 이야기에 참여할 기회조차 없어진다는 것을 말이다.

예고 없이 찾아오는 부모

창 밖에서 누군가 움직이는 모습이 보여서 살펴보니, 알아차리지도 못하는 사이에 교실 문 앞에 어른이 서 있다. 문을 열면, 학부모가 자신을 소개하며 아이의 성적에 대해 잠깐 이야기를 나누고 싶다고 말한다.

　지금은 학부모 면담시간이 아니며, 당신은 교실에서 아이들을 가르쳐야 할 책임이 있다. 아이들이 조용히 과제를 하고 있다고 하더라도 학생 앞에서 면담을 하는 것은 적절치 못하다. 이런 경우에는 관심을 가지고 찾아와 준 것에 대해 감사하다는 표현을 한 뒤, 당신이 면담을 할 수 있는 가능한 시간에 다시 방문해 줄 것을 요청하도록 한다.

　모든 면담은 각각의 특성과 그에 맞는 속도를 가지고 있다. 만일 당신이 꾸준히 각각의 부모들의 성격에 민감하고 세심하게 반응한다면, 당신은 어떤 상황에서도 효과적으로 대처할 수 있는 자신만의 스타일을 갖게 될 것이다. 어떤 면담의 경우, 너무 말을 많이 하려는 학부모가 있다면 당신은 정보를 제공하고 질문을 하는 것으로 방향을 이끌어나갈 수 있다. 보다 더 융통성 있게 면담을 이끌어 갈수록, 당신은 다양한 문화와 배경 그리고 개인적 상황을 가진 수많은 학부모들과 보다 긍정적인 협력 관계를 개발할 수 있을 것이다.

　당신이 만나게 될 학부모에 대해 미리부터 지나치게 걱정한다거나 불신하지 않기를 바란다. 대부분의 학부모는 매우 협력적이고 당신을 존중하며, 당신의 능력과 헌신에 대해 고마워하고 있으니 말이다. 다만 최소한 한 번쯤 만날 수 있는 유쾌하지 못한 학부모에 대해 조심할 것을 경고하고 싶을 뿐이다.

다문화적 관점

학부모와의 관계에서 신뢰와 존중을 확립하기 위한 가장 중요한 요건은 융통성이다. 그리고 그것을 위해서는 당신이 맡은 어린이의 다양한 문화적 배경에 대한 지식이 필요하며, 서로 다른 가치와 요구, 그리고 편안하게 느끼는 관심거리에 대해 알고 돕고자 하는 의지가 필요하다. 당신은 이미 아동들을 존중하고, 더 세심하게 다가가기 위한 다문화의 중요성에 대해 배웠을 것이다. 같은 원칙은 학부모에게도 적용되어야 한다.

당신은 학생이 온 문화의 태도와 풍습에 대해 알아 둘 필요가 있다. 이는 ① 아동과 학부모의 행동 패턴을 이해하기 위함이며, ② 잘못된 의사소통으로 인해 벌어지는 문제를 피하기 위함이다. 특히, 비언어적 의사소통에 대해 관심을 기울일 필요가 있다.

예를 들어, 어떤 문화권에서는, 어른의 눈을 똑바로 바라보는 것은 버릇없다고 여겨지곤 한다. 이러한 이유로, 사람들은 말하는 사람을 바라보기보다는 아래를 내려다보곤 하는 것이다. 시험시간에 다른 친구를 도와준다며 돌아앉는 아이는 경쟁에 대해 다른 태도를 가지고 있을 수도 있다. 협동이 경쟁보다 더 중요하다고 집에서 배웠을지도 모르기 때문이다. 어떤 문화권에서는 여성이 권위 있는 역할을 맡는 것에 대해 못마땅하게 생각할 수도 있다. 이런 것을 이해하지 못하면 여자 교사는 남자 학부형과 좋은 관계를 맺지 못해 어려움을 겪을 수도 있다. 당신이 맡은 학생들이 온 다양한 집단에 대해 늘 인식하고 존중해서, 그들과의 상호작용을 촉진시키도록 하자.

대부분의 학부모는 자녀에 대해 긍정적인 말을 듣는 것을 좋아한다. 진행 상황에 대해 더 많은 정보를 얻을수록, 그들은 당신의 프로그램과 노력에 대해 더 협조적으로 임할 것이다.

제안 활동

1. 당신의 가족사로부터 가족 역동을 살펴보고, 부모님의 훈육이 학교에서 당신의 행동에 미친 영향을 적어 보자. 당신 삶에서 매우 큰 영향을 미쳤던 부모님의 행동이나 말을 했던 특정 장면을 떠올려 보자. 당신을 위해 선생님이 부모님과 함께 해 줄 수 있는 개입에는 무엇이 있었을까?

2. 친구들이나 동료에게 요청하여 학부모 면담 상황을 역할극으로 경험해 보자. 학부모와의 상호작용 과정에서, (특히 질문하고 경청하는 것에 대해) 조력기술을 적용

하는 것에 집중해 보자.

3. 당신의 파트너와 함께, 역할극을 해 보자. 자신의 자녀에 대한 교사의 영향과 권위로 인해 위협받는다고 느껴서 화가 나고 방어적인 학부모의 역할을 맡아본다. 상호작용을 한 후에 학부모의 입장에서 느낌과 반응에 대해 이야기를 나누어 보자. 학부모가 힘들게 할 때에 어떻게 하면 좋을지 생각이 드는가?

4. 학부모에게 면담의 목적을 밝히는 샘플 편지를 써 보자. 언제, 어디서 면담을 할 것인지, 준비할 것은 무엇인지, 면담을 통해 이루고자 하는 바와 학부모가 기대할 수 있는 것이 무엇인지 적도록 한다.

5. 다른 연령대의 아동을 가진 학부모 표본을 대상으로 인터뷰를 해 보자. 그들에게 교사와의 면담에서 최고와 최악의 경험에 대해 물어본다. 당신이 좀 다르게 할 수 있도록 조언을 부탁해 본다.

6. 몇몇 교사에게 학부모와의 면담을 이끌어 나가는 방식으로 어떤 것을 선호하는지 인터뷰해 보도록 한다. 면담을 어떻게 준비하고, 어려움에 직면했을 때 어떻게 통제해 나가는지, 면담의 목표에 학부모가 집중할 수 있도록 하는 방법은 무엇인지, 시간을 효과적으로 쓰는 방법은 무엇인지 등에 대해 질문해 본다.

권장도서

Arends, R. I. (2007). *Learning to teach*. Boston: McGraw-Hill.

Austin, T. (1994). *Changing the view: Student-led parent conferences*. New York: Heinemann.

Boult, B. (2006). *176 ways to involve parents: Practical strategies for partnering with families*. Thousand Oaks, CA: Corwin Press.

Gorman, J. C. (2004). *Working with challenging parents of students with special needs*. Thousand Oaks, CA: Corwin Press.

Jonson, K. F. (2002). *The new elementary teacher's handbook: Flourishing in your first year* (2nd ed.). Thousand Oaks, CA: Corwin Press.

McEwan, E. K. (2004). *How to deal with parents who are angry, troubled, afraid, or just plain crazy*. Thousand Oaks, CA: Corwin Press.

Picciotto, L. P. (1996). *Student-led parent conferences*. New York: Scholastic Books.

Rudney, G. L. (2005). *Every teacher's guide to working with parents*. Thousand Oaks,

CA: Corwin Press.

Rutherford, P. (2002). *Why didn't I learn this in college?* Alexandria, VA: Just Ask Publications.

Simpson, R. L. (1996). *Working with parents and families of exceptional children and youth: Techniques for successful conferencing and collaboration* (3rd ed.). Austin, TX: Pro-Ed.

07

전문가에게 자문 구하기

아무리 뛰어난 교사라 할지라도, (상담 과정에 대해 지식과 기술이 뛰어나며, 다양한 역할에 대해 숙련되고, 다른 사람과의 의사소통을 매우 효과적으로 잘하며, 아이들의 문제를 평가하고 내면의 문제들을 이해하고, 효과적인 해결 전략을 세울 수 있다 하더라도) 우리는 수많은 전문가의 도움을 필요로 한다. 사실, 상담에서 가장 중요한 교사의 역할은 문제를 정확하게 진단하고, 그 방면의 전문적 도움을 받으려면 어디의 누구에게로 가야 하는지를 알고 있는 것이다.

교사는 학부모와 학생에게 자문을 해 주는 역할을 하지만, 특별한 도움이 요구되는 경우 종종 전문가의 도움을 청하기도 한다. 다음의 몇 가지 경우에 우리는 외부의 도움을 필요로 한다.

- 전공 이외의 분야에 대해 전문가의 의견을 얻고자 할 때
- 당면하고 있는 문제에 대해 새롭고 혁신적인 해결책을 찾고자 할 때
- 경험에 대해 좀 더 공정하고 객관적인 시각을 얻고자 할 때
- 해결하기에 충분한 시간이나 의향이 없는 업무를 다루는 데 도움을 필요로 할 때

- 특정 분야에 대한 연수를 받고 싶을 때
- 다문화적 관점을 얻고 싶을 때

일단 학교에 발을 들여 놓으면, 당신은 혼자가 아니라는 것을 쉽게 알 수 있다. 도움을 줄 수 있는 동료교사가 주변이 많이 있기 때문이다. 또한 같은 학년이나 같은 교과를 지도하는 교사들과도 네트워크를 형성할 수 있는 기회가 무궁무진하다. 규모가 큰 학교에서는 부장교사가 도움을 주기도 한다.

멘토에게 자문 구하기

많은 학교에서는 멘토링제를 운영하고 있으며, 멘토는 경험이 많은 동료교사거나 부장교사인 경우가 많다. 멘토교사는 학교의 일상적 업무와 일의 절차, 의례적 일들과 서류작업 등의 복잡한 일들에 대해 지도해 줄 것이다. 또한 당신의 받은 교육이나 전문적 지식을 뛰어넘는 심각한 문제를 가진 학생을 지도할 때에도 도움을 줄 수 있다. 학생들이 문제가 있거나 걱정거리가 있을 때 당신을 찾아오는 것처럼, 당신도 감당할 수 있는 범위를 넘어선 문제라고 여겨질 경우, 신뢰할 수 있는 동료 교사를 찾아가 도움을 구하는 것이 좋다.

교육청에서는 새내기 교사들을 위한 입문 교육 프로그램을 운영하고 있으며, 어떤 프로그램의 경우 전문적 직무수행 능력 향상을 위해 정기적으로 여러 차례에 걸쳐 하는 경우도 있다. 멘토-멘티의 관계를 통해 스트레스 상황을 견딜 수 있고, 업무를 잘 수행했을 때에 격려받을 수도 있다. 좋은 멘토는 멘티의 경험을 이해하고 정서적 지지를 해 준다.

멘토는 당신이 집중해서 깊이 생각할 수 있도록 도와줄 수 있다. 자문을 받을 때에 당신이 문제나 걱정거리를 말하면, 당신은 멘토와 함께 주제를 탐색하고, 여러 가능성들을 타진해보고, 그 중에서 시도해 볼만한 방법을 찾게 될 것이다. 그리고 나중에 결과에 대해서 추수지도를 받게 될 것이다.

그동안 받았던 상담기술 관련 연수와 함께 멘토의 도움을 받는다면, 문제 있는 학생들을 도울 수 있는 효과적인 방법들에 대해 다른 사람들보다 더 많이 알 수 있을 것이다.

다른 교사에게 자문 구하기

다른 교사도 많은 도움을 줄 수 있다. 그들은 위기 상황에서 균형감을 잃지 않도록 도와줄 수 있으며, 효과적인 비법을 알려 주기도 하고, 당신이 원하는 경우 학생에 대한 정보를 이야기해 주거나, 학풍에 대해서 설명해 줄 수도 있다.

> 학기 첫날 "김정민!"이라고 이름을 불렀을 때, 188cm의 축구 선수를 하고 있는 그 학생이 "검둥이(Boogie; 흑인을 비하해서 부르는 말)라고 불러 주세요."라고 말했다. 교사는 당황해서 "검둥이라고?"라고 반문했고, 다른 학생에게 두 가지 이름 중 어떤 것이 더 부르기에 적합하다고 생각하는지 물었지만, 그 남학생은 아주 단호하게 "검둥이"라고 말했다.
> 교사는 이것이 정말 별명인지 확신이 들지 않았다. 그래서 방과 후에 코치 중 한 명을 찾아갔고 그는 모든 사람이 그 학생을 "검둥이"라고 부른다고 설명했다. 걱정할 필요가 전혀 없었다.

학교의 다른 직원(서무 직원, 관리 기사, 사서교사, 학생 선도 위원, 교무보조 등)과 관계를 발전시켜 나갈수록, 당신에게 의지하고, 당신이 의지할 수 있는 많은 이를 발견하게 될 것이다.

민지는 시험공부를 안 해서 낙제한 이후로, 지리 수업시간에 매우 안 좋은 태도를 보이고 있었다. 그러던 중 민지가 속한 합창단이 대회 참가를 위해 이틀간 여행을 가게 되었고, 담임 교사는 민지의 학업이 뒤쳐지고 수업 태도가 더욱 나빠질 것을 염려하였다. 민지가 담임 교사에게 이틀간 학교에 나오지 못하는 것을 허락해 달라고 했을 때, 교사는 이러한 상황에 대해 합창단 지도자와 상의하기 위해 허가를 잠시 유보하였다. 두 사람은 민지에게 지리학 수업시간의 태도와 성적에 대해 함께 이야기하기로 했다. 민지는 그동안 공부를 하지 않았다는 것을 인정하고, 앞으로 꼭 숙제를 하기로 약속했다. 또한 여행으로 인해 빠지는 수업 부분에 대한 숙제를 미리 제출하기로 했고, 덕분에 여행에서 돌아왔을 때 반 아이들과 진도를 맞출 수 있었다.

많은 학교에서는 학생이 교육과정 이외의 특별활동에 참여할 때 어느 정도의 성적이나 평균점수를 유지하는 것에 근거해서 허락하는 원칙을 갖고 있다. 따라서 만약 학생의 행동이나 성적이 나빠지면, 밴드 감독이나 클럽 후원자, 코치나 그 밖의 후원자에게 말하고, 학생을 돕기 위해 함께 협력할 수 있도록 해야 한다.

동료 교사들은 매우 풍부한 경험을 가지고 있으며, 교육과정의 실행과 학생의 훈육, 학급 비품의 주문에 이르기까지 궁금한 것이 있을 때는 물론이고, 그저 힘들었던 하루에 대해 이야기를 나누고 싶을 때에도 당신에게 많은 도움을 줄 수 있을 것이다.

학교장에게 자문 구하기

관리자는 격려와 지지, 지도와 같은 분야에 있어서 엄청난 자원이 될 수 있다. 언제나 당신 편에서, 가 당신이 일을 좀 더 쉽게 할 수 있도록 도와주는 임무를 가지고 있다는 점에서 그들은 진정한 멘토가 될 수 있다.

따라서 가장 중요한 일 중 하나는, 교사를 평가하는 역할을 하는 교장과 협력적 유대관계를 발전시켜서, 어려운 문제가 생겼을 때 편하게 상의할 수 있도록 하는 것이다. 이러한 유대관계는 하루아침에 생기지 않으며, 믿음은 천천히 생기는 것이다. 물론 상대방이 다가오기만을 기다리는 것보다 당신 스스로 나서서 일을 진행시킬 수도 있다. 학생들이 만든 과제나 당신이 보조자료로 썼던 게시판을 보여 주기 위해 교장에게 잠깐 학급에 들러달라고 초대할 수 있으며, 학급 활동에 참여를 요청할 수도 있다. 이러한 방법은 교장에게 당신의 영역에 참여할 수 있는 기회를 제공하며, 학급이 어떻게 돌아가고 있는지 알 수 있게 해 준다. 월요일 종례시간이나 과외활동, 또는 교직원 연수 등에서 특히 의미 있었던 부분이 있었다면 교장에게 이에 대한 긍정적 피드백을 하는 것이 좋다. 그 밖에 위원회의 진행상황을 보고하거나 학교 발전을 위한 아이디어나 제안을 갖고 교장에게 좀 더 다가설 수 있다.

학교장은 문제 해결 전문가이므로 도움이 필요할 때에는 꼭 학교장에게 알려야 한다. 교장을 정확히 이해시키기 위해서는 당신이 겪고 있는 구체적 어려움에 대해 상세히 설명해야 할 필요는 있지만, 그들도 당신과 같은 평교사였기에 가르치는 일에 있어서의 불만이나 좌절감을 잘 알고 있다. 당신이 근무하는 학교가 지금까지 근무했던 곳 중 최고의 학교가 될지, 각종 장애물과 위험이 도사리는 광산 같은 곳이 될지는 많은 부분에 있어서 학교장이나 부장과의 관계에 달려 있다. 산업현장이건 교육현장이건, 든든한 멘토가 될 수 있는 관리자와 유대관계를 돈독히 하는 것은 직업에서의 성공과 만족도를 높이기 위해 매우 중요하다.

전문가에게 의뢰하기

문제의 본질을 정확히 아는 것과 그 문제를 잘 다루는 것은 별개의 일이며, 해결을 위해 지나치게 많은 시간이나 노력이 필요한 경우에도 도움이 필요하다. 하지만 아이가 도움을 필요로 하고, 의뢰하기에 적합한 전문가를 알고 있을 때조차도, 아이(와 가족)가 그곳에 갈지 불확실하다는 문제점이 있다. 그래서 이런 의뢰를 할 때에는, 도움을 줄 수 있는 가능성을 증가시키기 위해 다양한 재치와 기술이 필요하다. 아래와 같은 몇 가지 조건이 충족된다면 훨씬 좋을 것이다.

1. 아이와 좋은 멘토교사를 발전시켜서, 아이가 당신의 염려와 보살핌, 헌신을 느끼도록 한다.
2. 상담이 어떻게 이뤄지는지에 대해 이해하고 도움이 지속적으로 이뤄질 수 있

도록 개입한다.

3. 상담으로 할 수 있는 것과 할 수 없는 것에 대한 실제적인 기대와 목표를 설정하고 아이를 돕는다.

4. 몇 가지 기본적 경청 및 반응기술을 사용하여 아이가 긍정적 상담관계를 경험하도록 하고, 이를 통해 전문가와의 관계를 유지하고 받아들이기 쉽게 돕는다.

5. 아이로부터 스스로 노력을 하겠다는 약속을 받도록 한다.

6. 약속한대로 아이가 확실히 도움을 받았는지 끝까지 확인을 하기 위해 지속적 노력을 해야 한다.

이런 각각의 단계는 상담 과정이 어떤 방식으로 이뤄지는지 이해한다면 좀 더 효과적일 수 있다. 이는 각 단계에 필요한 기술뿐 아니라 각 단계에서 어떤 일이 일어나는지에 대한 확실한 이해를 의미한다. 전문가에게 의뢰를 준비하는 과정에서 가장 기초적인 상담기술을 적용하건, 직접 누군가를 돕는 일을 처음부터 끝까지 마무리하건, 앞서 제시된 기본 원칙을 따르면 도움이 될 것이다.

상담가에게 자문 구하기

김 교사는 자신이 알아챈 소현이의 변화에 대해 설명하기 어려웠다. 아이는 전보다 조금 더 말이 없어진 것 같기도 하고, 평소보다 좀 더 표정이 어두웠다. 숙제도 해 오고, 학급 토론 활동에도 참여하지만 분명히 뭔가 달라졌고, 무엇 때문인지 딱 꼬집어 말할 수도 없는 상황이었다. 김 교사는 소현이와 대화를 해보기 위해 노력했지만 금방 실패해버렸다. "요즘 어떻게 지내니?"라는 질문에 지극히 전형적인 "좋아요."라는 대답으로 일관했기 때문이다. 그걸로 대화는 끝이었고, 결국 그는 아이의 상담자를 찾아가서 아이와 신중하게 대화를 나눠볼 것을 부탁했다.

며칠 후, 상담가는 소현이의 가족 내에 몇 가지 문제가 있으며, 아이가 그것을 비밀로 해 주길 원한다는 것을 알려 주었다. 상담가는 김 교사가 잘 관찰하고 인식한 것에 대해 고마움을 표하고, 이제 모든 게 괜찮아질 것이라고 그를 안심시켰다. 김 교사는 아직도 소현이와 그 가족에게 도대체 무슨 일이 있었던 것인지 매우 궁금해하고 있지만, 상담가는 아이들이 때로는 자신의 선생님보다는 다른 누군가에게 자신의 이야기를 하는 것을 더 편하게 생각한다고 설명해 주었다. 이 경우, 소현이는 김 교사를 너무나 좋아했기 때문에, 좋은 면이 아닌 것에 대해서는 선생님에게 보여 주고 싶어하지 않았던 것이다. 이처럼 우리가 학생들에게 도움을 주고 싶어도, 우리의 권위적 역할 때문에 상담적 관계를 발달시키지 못하는 경우가 있다.

만일 특정 학생과 신뢰로운 관계를 형성할 수 없거나, 다루기 어려운 상황이라 느낀다면 상담자로부터 적절한 지도와 도움을 얻을 수 있을 것이다. 아이가 방치되거나 학대당한다는 의심이 들 때, 아이가 피임 방법에 대해 조언을 얻고자 찾아왔을 때, 아이의 성격이 갑작스레 변했다고 느낄 때 당신은 어떻게 하겠는가? 이런 문제에 대해 상담가는 지지와 피드백, 그리고 문제 해결 기술을 제공할 수 있다. 그들은 당신이 자존감이나 진로교육 같은 문제를 다루는 것을 도와줄 수 있을 뿐 아니라 학생과 직접 상담을 하기도 한다. 상담가는 의사소통과 의사결정, 자기통제 능력, 협동 기술 및 정서 조절 기술을 가르치는 것은 물론이고 심각하게 살기보다는 스스로 웃을 수 있는 능력을 향상시켜 줄 수 있다. 또한 자조집단(집단상담의 일종)을 지도할 수도 있는데, 당신이 원하면 코리더로 활동할 수 있을 것이다. 더욱이 그들은 교사와 학생들에게 지역사회의 여러 자원들을 제공해 줄 수 있다.

때때로, 당신은 김 교사의 경우와 같이, 비공식적으로 상담가에게 자문을 구할 수 있을 것이다. 그 밖에는, 상담가의 지도하에 직접 그 상황에 대처하는 것이 가장 좋을 수 있다. 양쪽 경우 모두, 상담가는 학생과 당신 자신의 정서적 요구를 만족시켜 줄 수 있는 가장 좋은 자원이 될 것이다.

나 자신을 위해 상담 받기

상담가의 독특한 특징 중 하나는 딱히 문제를 해결하는 데 도움이 필요하지 않아도, 정서장애를 가지고 있지 않은 사람들을 상대한다는 것이다. 정신과 의사, 심리학자, 사회복지사 등 정신건강 전문가들이 심각한 정신질환을 다루는 데에 전문화된 반면, 상담가는 일상 속에서 평범한 걱정을 안고 살아가는 사람을 돕는 전문가인 것이다. 상담에서 다루는 것은 딱히 제한된 것은 아니지만, 적응 문제에서부터 삶의 변화 촉진, 진로 발달, 더 나아가 삶의 의미를 찾고 자신에 대한 이해를 높이며, 관계에서의 어려움을 해결하고, 미래를 계획하며, 스트레스를 줄이고, 매일 직면하는 많은 어려움을 다루는 것 등을 포함하고 있다.

가르치는 일은 매우 보람된 일이긴 하지만, 동시에 매우 스트레스를 받는 직업이기도 하다. 누구도 쉽게 감당하기 힘들 법한 수많은 요구와 책임, 약속으로 가득 찬 일이기 때문이다. 권위적 인물로서, 교사는 학생이 불만이나 적대감을 표출하고 싶어 하는 대상이 될 수도 있다. 때로는 관리자와 학부모, 학생의 주도권 다툼에 끼여서 도망갈 곳도 없이 괴롭힘을 당할 수도 있다. 심지어, 교사에게 바라는 것이 너무 많아서 완전히 지쳐버린 교사도 많다.

상담을 받기로 결심했다면 (아마도 학교 상담가에 의해 의뢰된 경우가 많겠지만) 상담가는 당신의 개인적 컨설턴트로서 다음과 같은 여러 방면에서 당신을 도와줄 수 있을 것이다.

1. 내담자로서의 경험은 조력기술을 향상시키는 데 도움이 된다. 당신은 전문가를 보고, 가장 유용한 것을 정리하면서, 의식적이든 무의식적이든 상황에 적합한 전략을 적용하는 자신을 발견하게 될 것이다.
2. 가족과 친구에게 부담을 주지 않고, 스트레스와 걱정을 해결할 수 있는 안전하고 믿을 수 있는 조력체제를 가지게 될 것이다.

3. 좀 더 발전하고 싶은 부분에 대해서 배움을 계속하고, 성장하고자 하는 동기 부여를 할 수 있다.

4. 살면서 갑자기 부딪히게 되는 특정한 어려움들을 헤쳐 나가는 데 도움이 될 것이다. 교사들은 특히 실패에 대한 두려움, 보수에 대한 고민, 발전 없이 정체되어 있는 느낌, 동료나 관리자와의 갈등과 같은 주제에 대해 많이 고민하곤 한다.

5. 학급에 안 좋은 영향을 미치는 요인에 대항할 수 있을 것이다. 선생님의 통제와 간섭을 원치 않는 아이는 있게 마련이고, 어떤 아이는 사사건건 대들기도 한다. 교사는 그런 아이를 다뤄야만 하고, 그런 일을 반복하다 보면 지칠 대로 지쳐서 결국 이러한 일들이 얼마나 심각한 악영향을 미치는지 깨닫게 된다. 따라서 우리는 활력을 잃지 않을 수 있는 대처기술을 개발해야 할 것이다.

상담가의 컨설팅이 필요한 이유들은 다음의 신규 교사의 생생한 증언에서도 찾을 수 있다. 이 신규 교사는 교대를 우수한 성적으로 졸업했지만, 교직 첫해에 겪는 어려움에 적응하는 데에는 다소 어려움을 보이고 있다.

이 학교에서의 첫해를 끝마치는 게 얼마나 어려운 일인지 생각조차 할 수 없다. 몇 번이나 그만두고 싶었다. 상담을 받지 않았다면 힘든 시간을 견디다 아마 진작에 그만뒀을 것이다.

대학에서는 늘 잘했다. 과제도 열심히 했고, 지시 받은 일도 잘하고, 학점도 좋았다. 당연히 많은 것을 배웠다. 하지만 내가 겪는 혼란스러운 상황에 적절히 대처할 수 없었다. 교장 선생님은 교사를 따뜻하게 배려하고 도와주는 스타일이 아니었고, 동료교사들은 말다툼을 했다. 그리고 아이들은 학교생활에 전혀 흥미가 없고, 학부모는 아이들에 전혀 신경을 쓰지 않았다. 나는 완전히 의욕을 잃고 다른 직업을 찾기 시작했다.

그러던 중 친구의 제안으로, 학교 상담가 중 한 명이 추천한 상담가를 만나기 시작했다. 처음에는 이것도 싫었다. 사람들이 나를 미쳐가고 있다고 생각할까 봐 상담하는 것도 비밀로 했다. 그때 난 그렇게 느꼈었다.

그런데 무비판적으로 내 말을 들어주고, 어떻게 해야 할지 말해 주는 사람이 생기자 모든 것이 좋아지기 시작했다. 상담자는 나를 믿어 줬고, 내가 피하고자 했던 힘든 부분을 바라볼 수 있게 격려해 주었다. 내가 왜 선생님이 되고 싶었는지 그 이유를 다시 한 번 곰곰이 생각해 보았고, 결국 문제는 아이도, 학부모도, 교장 선생님도 아닌 나 자신에게 있었다는 것을 알게 되었다. 나는 그동안 필요 이상으로 내 삶을 어렵게 만들고 있었다. 와우! 상담을 받은 것은 정말 굉장한 경험이었다.

학교 심리학자에게 자문 구하기

전통적으로, 학교 심리학자들은 특별 프로그램 배치를 위해 아동의 검사와 측정에 관심을 집중하고 있다. 하지만 심리학자의 서비스 목록에 컨설팅 영역이 더해진 만큼, 그들은 학습 스타일의 차이와 학급 역동, 다문화적 요구 및 효과적인 행동관리 전략에 이르기까지 많은 영역에서 정보와 도움을 줄 것이다. 심리학자는 학생 개인의 문제해결뿐 아니라 모든 학생을 위한 예방 서비스에 있어서도 전문성을 가지고 있다. 따라서 또래압력, 시험불안, 자아존중감, 외로움 등의 다양한 프로그램을 제공할 수 있을 것이다. 뿐만 아니라, 교사가 어려움에 처한 학생을 선별하고, 그 학생을 위한 프로그램을 개발하는 일을 도와줄 수 있다.

문제를 겪을 때, 당신은 혼자가 아니라는 사실만으로도 안도감을 느낄지 모른다. 어떤 학교에서는 학급의 문제를 해결하고자 시도해 보고, 성공하지 못할 경우, 몇 명의 전문가로 구성된 팀에 그 문제를 의뢰하고 다시 한 번 돌아보게 한다. 그리고 필요하다고 판단되면, 학교 위원회는 학교 심리학자에게 자문을 구하게 된다. 또 다른 학교에서는 학교 심리학자가 교사와 함께 직접 일을 한다. 두 경우 모두 어린이의 어려움을 평가하고 교정 프로그램을 처방할 수 있는 전문가에 쉽게 접근할 수 있도록 하고 있다.

홈리스 집단 연락 컨설팅하기

노숙생활을 하는 가족들은 의료 및 학교기록이 없을 수 있다. 또한 이로 인해 학교 출석도 들쑥날쑥하고, 행동에도 영향이 있을 수 있다. 안전하고 인정적인 가정환경이 아니라 쉼터나 거리를 전전하며 사는 것이 어떨지 상상해 보라.

교사는 다음과 같은 단서를 통해 아이가 집 없이 떠돌아다니는 상황을 눈치 챌 수 있다? — 주소를 적는 칸에 모텔이 적혀 있는 경우, 여러 가족이 함께 산다고 할 때, 교육을 지속적으로 받지 못한 경우, 건강 및 영양 상태가 안 좋을 때, 위생상태가 안 좋을 때, 교통 문제, 방과 후 개인 공간에 대한 걱정을 할 때, 사회적, 행동적 염려, 부모, 보호자, 다른 아동에 대한 반응. 고학년 아이는 프라이버시를 이유로 자신들이 홈리스(노숙자)라는 것을 인정하기 어려워한다. 따라서 교사와 학교 관계자는 비밀을 유지하는 데에도 주의를 기울여야 한다.

집이 없는 아동은 흔히 옷, 학용품, 사회복지 서비스가 필요하다. 학생과 부모들은 아이들이 원적 학교 또는 현재 머무르는 지역의 학교에 다닐 권리에 대해 알고 있어야 하며, 학교 측으로부터 교통편을 제공받을 수 있는 권리가 있다는 것도 안내받아야 한다. 법률 제정의 결과로, 대부분의 교육청에는 집 없는 어린이들의 법적 편의 제공을 돕는 담당자가 있다. 이들은 학생의 등록절차를 원활히 진행할 수 있도록 도와주고, 무료 급식권 및 식사 할인권과 같은 혜택을 받을 수 있도록 도와준다. 그들은 예방접종부터 다른 서비스에 이르기까지 학생들이 필요로 하는 서비스를 받을 수 있도록 도와주는 역할을 하며, 정기적으로 학생을 만나고, 출석 및 성적을 감독해 준다.

학급에서 교사는 집 없는 학생에게 학급에서의 일상적인 일과 학교생활을 도와주는 친구관계를 맺어 줌으로써 아이들이 편안함을 느낄 수 있게 해 주는 등 좀 더 많은 관심을 갖고 추가적 지원을 제공할 수 있다. 학생들은 학교를 결석했다가 학교로 돌아온 친구를 환영하고 결석한 동안 빠진 내용에 대해 설명해 주며, 이를 보충할 계획을 세우는 일을 도와주는 등의 활동을 통해서 보다 쉽게 적응할 수 있도록 도와 줄 수 있다.

지역 대학의 교수에게 자문 구하기

교육학 교수, 강사, 슈퍼바이저는 종종 어려움을 겪거나, 문제를 어떻게 다루어야 할지 궁금해 하는 교사에게 도움을 제공하고 싶어 한다. 또 지역 대학은 당신을 위한 자원을 제공해 줄 것이다. 당신은 교수(교장 허락을 받은 상태에서)를 초청하여 수업에서 최신 교육 기술을 시연하거나 당신의 교수 방식에 대해 비평을 받을 수도 있을 것이다. 그들은 당신과 동료를 위해 특정 흥미 분야에 대한 워크숍을 개최할 수 있을 것이며, 당신에게 방법, 도구, 행동관리 및 당신이 염려하는 다른 분야에 대해서 흔쾌히 자문할 것이다.

대학은 정기적인 모임을 갖는 집단을 설립할 수 있을 것이다. 종종, 그들은 교사를 위한 컨퍼런스나 워크숍 등을 개최하기도 한다. 이러한 집단은 당신이 여러 기술을 발달시키는 것은 물론, 동료와의 상호작용을 할 수 있는 기회를 제공해 주게 된다.

그룹의 한 초등학교 교사는 그 지역에 있는 편부모 가정 아동의 비율이 높은 것에 대해 염려하고 있었다. 그 지역에서 상담사가 희소하고 서비스 받기가 어려워서 문제가 커지고 있었다. 이 교사는 교장에게 부모와의 이별을 경험한 어린이들을 도울 수 있는 조력 집단을 만드는 것에 대해 의논하였다. 그래서 그들은 대학에서 이러한 프로그램을 개발하는 방법과 기술을 배운 교수진을 모집하였다. 모임이 시작되자, 교육상담 교수는 계속해서 슈퍼비전을 제공할 수 있게 되었다.

개별화 교육 프로그램에서 교사의 역할

특수교육 대상 학생에 대한 개별화 교육 프로그램(IEP)을 개발할 때에 교사는 매우 중요한 역할을 하게 된다. 이미 학교 상담가와 협의를 마쳤다면 다음으로는 아동의 부모와도 협의가 필요하다. 대부분의 경우, 아동의 문제를 제일 처음 발견하는 것도 교사이고, 부모와 처음으로 접촉을 하는 것도, 시험을 조직하는 것도 교사이다. 학생을 이끄는 입장에서, 교사는 특수교사 및 학교 상담가, 부모와 함께 작업을 할 때에 이들의 의견을 종합하고 정보를 나누는 활동 등에 있어서 핵심적인 역할을 담당하게 된다.

특히, 교사는 부모의 정서와 염려에 민감하게 반응해야 한다. 자녀가 특별 보충수업 등 도움을 받아야 할 것 같다는 안내를 받았을 때에 대부분의 부모들은 대개 충격받고, 부인하거나, 죄책감을 느끼고, 화가 나거나 짜증을 내곤 한다. 또 어떤 부모는 누군가 자녀에게 드디어 관심을 기울여 주고, 매우 민감한 부분에 대한 도움이 제공된다는 것에 대해 무척 안심하기도 한다. IEP에 참여하는 참여자 중 부모와 접촉하는 사람은 오직 교사뿐일 것이다. 따라서 부모는 정서적 조력을 원할 때나 궁금한 것이 있을 때에 교사를 찾게 된다.

가장 먼저 고려해야 할 것은 진행 방식에 대해 부모에게 안내하는 것이다. 그들은 어디서 모이고, 누가 참여하며, 얼마나 오랫동안 진행될지 알고 싶어 한다. 교사는 거기서 사용할 용어에 대해서도 설명해 줌으로써 도움을 줄 수 있다. 교사는 앞서 부모가 받았던 시험 성적표를 준비할 것을 요구할 수 있다. 종종 부모와의 사전 협의에서는 질문에 대한 대답을 어떻게 할 것인지 조언하고, 물어볼 수 있는 질문의 유형에 대해 설명해 줄 수도 있다. 또한 학부모로부터 아이의 발달배경이나 그동안 학교에서의 행동, 부모의 관점에서 바라본 태도 등에 대해 정보를 얻어낼 수 있을 것이다. 이러한 사전협의는 가족과 학교의 긍정적 관계를 공고히 하고 IEP 프로그램에 대한 협조도 얻을 수 있다는 장점이 있다.

IEP 회의에서는 평가에 대한 분석과 해석이 제공되어야 한다. 그리고 다음으로는 앞으로(다음 해)에 적용할 특별 계획을 개발하도록 한다. 학부모에게는 여기서 수립한 계획이 어떤 식으로 기능하게 되는지 설명할 필요가 있다. 그들은 또한 자신들에게 기대되는 역할에 대해서도 알고 싶어 할 것이다. 그들은 자세한 스케줄과 시간, 장소, 운송 수단 등에 대해서도 알고 싶어 한다. 그들은 어떤 교수법과 행동적 전략을 사용할지도 알고 싶어 한다. 부모들이 긍정적 시각을 유지하기 위해서는 교사의 조력이 꾸준히 필요할 것이다. 교사는 학생의 장점을 강조하고 앞으로 언제쯤 어떤 식으로 향상이 이루어질 것인지에 대해 예측할 수 있을 것이다.

교사는 상담가가 아니다

지금까지 이 책에서 당신이 상담기술을 사용하게 될 상황에 대해 계속 언급해 왔지만, 당신은 상담가로서 전문적 훈련을 받지 못했다. (미국에서 상담 석사학위를 받기 위해서는 통상 3년간 60학점을 이수해야 한다.) 여기에 소개된 기술과 지식은 당신이 자신의 전문분야에서 다양한 역할을 보다 잘 소화할 수 있도록 돕기 위한 것이다.

안타깝게도 학생의 학업적 정신적 부분을 위해 최선을 다함에도 불구하고, 원하는 일을 다 할 수 있을만한 충분한 여유가 없을 것이다. 수업 준비와 보충활동들을 하느라 눈코 뜰 새 없이 바쁘기 때문이다. 그럼에도 불구하고, 우리는 일대일의 관계나 학급 장면에 적용할 수 있는 상담적 방법과 기술을 다양하게 소개했다. 이를 통해 당신이 학생들을 적합한 상담 및 지도를 제공할 수 있는 적합한 전문가에게 보다 쉽고 편안하게 의뢰할 수 있도록 돕기 위함이다.

만일 당신이 10년 후에 지금의 학생들을 다시 만난다면 그 아이들은 당신에 대해 뭐라고 말을 해 줄 것인가? 교사생활을 통해 만난 아이들에게 당신은 과연 어떻게 기억될까? 만일 아이들이 당신이 삶과 세상, 그리고 자신에 대해 가르쳐 준 중요한 것을 기억할 수 있다면 정말 좋을 것이다. 하지만 더욱 좋은 것은 당신이 자신들에 대해 진심으로 신경써 줬다고 말하는 것이다. 꼭 필요한 순간에 옆에 있어 주는 것 말이다. 그들은 당신을 믿을 수 있는, 잘 들어주는 사람이라고 기억할 수 있다. 당신은 그들을 하나의 온전한 개인으로 봐 준 사람이 될 수도 있다. 아이들을 판단하지 않고, 비난하지도 않고(비록 문제 행동을 야단은 칠지라도) 말이다. 그들은 당신을 단지 교사로만 기억하지는 않을 것이다. 당신이 단지 그 일만 하지는 않았기 때문이다. '교사'로서의 당신의 모습은 당신이 만들어가는 것이다.

제안 활동

1. 다음의 질문에 대한 대답을 소그룹 토의에서 나눠보거나 글을 써 보아라. 당신 삶에서 가장 영향을 많이 준 교사는 누구였나? 그들은 어땠고, 무엇이 당신을 변화시킨 원동력인가?

2. 당신은 어떤 교사로 기억되고 싶은가? 지금으로부터 20년 후에 학생들을 다시 만나서 당신에 대해 이야기를 듣게 된다면 어떤 말을 듣고 싶은가?

3. 학교 상담가와 학교 심리학자, 대학 교사, 관리자들과의 인터뷰를 통해 그들이 교사에 대한 자문가로서의 역할을 어떻게 인식하고 있는지 알아보자.

4. 당신이 다루기 어려워하는 여러 상황과 문제, 걱정에 대한 목록을 작성하라. 이러한 상황에 대해 자문을 구할 수 있도록 지역 내 전문가들의 목록을 만들어라. 언제든 활용할 수 있는 조력 집단과 자원 목록을 완성하도록 한다.

5. 이 책에서 다루었던 주제와 당신이 배운 내용을 바탕으로 하여 교사로서 중요하다고 생각하는 세 가지 해결 방안을 정하고, 이를 다른 사람과 공유하거나 적어 놓는다.

권장도서

Blase, J., & Blase, J. J. (2006). *Teachers bringing out the best in teachers: A guide to peer consultation for administrators and teachers.* Thousand Oaks, CA: Corwin Press.

Brigman, G., Mullis, F., Webb, L., & White, J. F. (2004). *School counselor consultation: Skills for working effectively with parents, teachers, and other school personnel.* New York: John Wiley.

Portner, H. (2002). *Being mentored: A guide for protégés.* Thousand Oaks, CA: Corwin Press.

Shulman, J. H., & Sato, M. T. (2006). *Mentoring teachers toward excellence: Supporting and developing highly qualified teachers.* San Francisco: Jossey-Bass.

셀프상담

상담기술을 배울 때 가장 좋은 점 중 하나는 그 기술을 다른 사람에게는 물론, 자신에게도 똑같이 사용할 수 있다는 것이다. 사실 자신이 겪었던 유사한 문제를 떠올리지 않고 다른 이의 어려움에 대해 듣는 것은 거의 불가능하다. 마찬가지로, 다른 이의 문제 해결을 돕는 이타적 행동을 당신은 자신에게도 거의 똑같이 적용할 수 있을 것이다.

학생과의 관계에서 보다 관심을 갖고 공감적으로 변화하는 것이 당신의 개인적 인간관계를 더 좋게 변화시킨다는 말을 듣는 것은 결코 놀라운 일이 아니다. 전문 치료자나 상담가는 내담자들이 역기능적 사고나 자기 방어적 행동을 바꾸고자 노력할 때, 자신도 삶에서 똑같이 하는 경우가 많다고 보고하였다.

이 책에서 배운 대부분의 기술은 다른 사람에게 좀 더 진심어린 태도로 대하는 것과 관련이 있다. 이것은 당신이 자신을 좀 더 관대하게 대하는 데에도 똑같이 작용한다. 대부분의 기술은 당신이 학생을 대할 때에 좀 더 효과적으로 듣고 반응하는데 도움이 되며, 전략을 사용함으로써 당신의 관계를 증진시키는 데에도 도움이 될 것이다. 당신은 학생의 행동에서 그들이 그 행동을 통해 무엇을 말하고 싶어 하는지를 좀 더 잘 알아차리는 것에 대해 배웠다. 이런 분석적인 태도는 당신의 개인적인 삶에서 혼란스럽고 갈등이 있는 상호관계를 해결하는 것을 도울 수 있다. 결국, 학생이 스트레스를 받거나, 자신을 통제하기 어렵다고 느낄 때 다시 균형감을 갖도록 돕는 방법을 배웠는데, 이러한 전략을 꾸준히 적용하고 연습한다면 당신 자신에게도 똑같이 사용할 수 있을 것이다.

우리는 앞서, 학생이 우리의 말뿐 아니라, 행동을 보고 배우는 것과 같은 모델링의 힘에 대해 다룬 바 있다. 학생은 우리가 문제를 건설적인 방법으로 해결하는 것을 볼 때 그 결과를 존중하며, 우리의 가르침을 따르고자 하는 마음이 좀 더 생길 수 있다. 나(Jeffery)는 아들에게 공을 던져 목표물을 맞추는 것에 대해 가르쳤던 때를 기억한다. 실수할 때마다 나도 모르게 "젠장!" 하고 투덜댔는데, 머지않아 내 아들이 똑같이 하고 있는 것을 알게 되었다. 4살 밖에 안 된 어린 아이가 목표물을 못 맞출 때마다 혼잣말로 "젠장!" 하고 말하는 것이었다. 내가 이 사실을 알아차린 뒤, 나는 "괜찮아."라고 큰 소리로 말을 하며, 편안한 태도로 좀 더 여유 있는 모습을 보이고자 노력하였다. 아들은 곧 그것을 흉내 내기 시작했다. 이 교훈은 가정에서 아이(혹은 다른 사람)가 화를 관리하고, 실망을 다루며, 갈등을 해결하고, 스트레스를 다루는 것에도 적용될 수 있다. 그들은 우리가 그리도 중요하게 여기는 수업 지도안 보다 우리를 보면서 더 많은 것을 배우고 있다.

당신을 변화시킨 학생

한 학생이 당신에게 외로움과 오해받는다는 느낌이 든다며 불평했을 때, 그것은 당신의 우정관계와 연관된 피상성에 대한 생각을 촉발시킬 수도 있다.

한 학생이 몸무게가 많이 나간다고 놀림을 받았다면서 울면서 당신에게 왔다. 당신은 자신의 신체 이미지에 대해 별 불만이 없을지라도, 이 일로 인하여 자기 자신을 좀 더 잘 관리해야겠다는 생각이 떠오를 수도 있다.

두 명의 학생이 조별 활동을 함께 하는데 너무 완벽하게 하려고 하다 보니 문제가 생기는 것을 알게 되었다. 이것은 그동안 당신이 해결하지 못한 '완벽주의'와 '언제나 부족하다는 느낌'과 연관된 이슈를 떠오르게 할 수 있다.

어느 날 수업시간에 당신은 한 학생이 평소와는 달리 멍하고 무기력해 보인다는 것을 눈치 챘다. 당신은 그 나이 때 자신의 모습을 떠올려 보고 살아가기 힘들었던 순간을 회상할 수 있다.

각각의 예는 당신의 삶과 당신이 지향하는 것에 대해 충분히 돌아볼 수 있는 기회를 제공해 줄 것이다. 아이들이 괴로워하는 문제에 대해 함께 대화를 나누는 것은 당신으로 하여금 자기 자신을 다른 각도에서 바라볼 수 있도록 해 준다. 조력적 만남의 과정 하나하나는 학생은 물론 당신도 변화시키는 상호효과를 가지고 있다.

교사와 학생은 흥미로운 협동관계를 맺고 있다. 우리가 보수를 받는 훈련된 전문가라 할지라도 학생들이 우리로부터 배워가는 것만큼 우리도 학생으로부터 많은 것을 배워갈 수 있다는 것은 결코 이상한 일이 아니다. 이러한 협력적 변화 과정에 대한 연구에서, 나(Jeffrey)는 세계에서 가장 유명하다고 하는 치료자들을 만나 인터뷰하였고, 그들에게 자신의 뛰어난 경력을 되돌아 보고, 직업적으로나 인간적으로 가장 기억에 남는 내담자를 한 명 골라보라고 하였다. 이를 다른 말로 표현해 보자. 지금까지 살아오면서 도와준 모든 사람을 떠올렸을 때, 어떤 학생(혹은 사람)이 당신에게 가장 큰 가르침을 주었는가? 이는 단지 더 좋은 교사가 되는 것에 한정시키는 것이 아니라 좀 더 나은 사람이 되도록 그 사람이 당신에게 가르침을 준 것을 의미한다.

이러한 인터뷰와 조력관계에서의 상호 변화에 대한 다른 연구를 기반으로 하여, 언급할 만한 가치가 있는 몇 가지 주제를 찾게 되었다.

1. 훌륭한 교육자는 학생을 교사로 바라본다. 그들은 다른 사람들로부터 자신이 배울 점이 있다는 것을 흔쾌히 받아들인다. 그들은 다른 사람들이 자신에게 표

현하는 것(언어적, 행동적으로)을 주의 깊게 관찰하고, 자신의 방법을 더욱 세련되게 만든다. 다른 사람들을 알아갈 수 있는 장점을 바탕으로 세상에 대해, 다른 문화와 경험에 대해, 그리고 자기 자신에 대해 많은 것을 배운다.

2. 교사들에게 생명력을 불러일으키고 꾸준히 성장할 수 있도록 하는 것은 마음을 열었을 때에 수반되는 겸손함이다. 학생들은 자신의 경험에 있어서는 최고의 전문가다. 그들은 선생님이 겸손한 자세로 세심하게 자신들을 존중해 주는 것에 감사할 것이다. 또한 우리가 그들로부터 배우려고 한다는 생각 자체에 대해 매우 기뻐할 것이다.

3. 우리가 가장 생생하게 기억하는 학생은 단지 문제를 가졌던 아이가 아니라 그들에게 가까이 다가갈 수 있도록 했던 아이다. 관계는 그들과 우리가 모두 잘 살 수 있도록 유지시켜 주는 역할을 한다.

내적 언어

우리가 학생에게 실망과 좌절, 갈등에 대해 다르게 생각하라고 가르치는 것처럼 우리 자신이 스트레스 상황에 처했을 때 똑같은 방법으로 다르게 마음 먹을 수 있다. 이 책에서 소개된 기술 중, 우리 자신(교사 자신)을 상담하는 데 더 쉽고 유용하게 적용할 수 있는 것은 특별히 없다. 다음의 예시문을 통해 비합리적이고 왜곡된 사고가 어떻게 좀 더 신중하고 현실적인 반응으로 바뀔 수 있는지 생각해 보자. 똑같은 상황에 대한 두 가지의 상반된 생각을 서로 비교해 보자.

과장

"이런 일들은 항상 나에게만 일어나. 항상 나는 내가 원하는 걸 이루지 못하지. 절대로 말이야." vs "이번에 내가 원하던 것을 이루지 못해서 정말 실망이야."

"이렇게 인원수도 많고 다루기도 힘든 학급을 맡다니 끔찍해." vs "내가 원했던 것보다 더 큰 규모의 학급을 맡게 되다니 큰일이야. 좀 짜증도 나는 걸."

교사가 실망스러운 상황에서도 어떻게 균형감을 유지하는지 두 번째 진술문에서 차이점에 주목해 보자. 원하는 것을 절대로 얻을 수 없다거나, 지금까지 일어난 일 중 최악이라고 생각하는 것은 분명히 과장이다. 지나치게 부정적인 정서적 반응은 왜곡된 사고로부터 기인한다.

절대적 요구

"이렇게 형편없는 시간표를 주다니, 교장 선생님은 너무 불공평해. 이럴 순 없다고!" vs "좋은 시간표를 받지 못하다니 참 운이 없군. 가끔 우리 교장 선생님은 내가 원하는 방식으로 일을 처리하지 않는다니까."

"학생들이 예전만큼 공부를 열심히 하지 않아. 부모들이 더 이상 신경을 쓰지 않나 봐." vs "학생이나 학부모가 몇 가지 측면에서 전과는 달라진 것 같아. 이런 것들이 내 견해에 상당히 영향을 주고 있어."

다른 이들이 그들만의 규칙과 문화적 배경에 따라 한 일이 당신의 기대나 가치에 비추었을 때 상당히 실망스럽고 좌절스러울 수도 있다. 당신이 '다른 사람의 행동은 어떠해야 한다' 는 강력한 선호방향(보통 당신이 행동하는 식으로)은 있겠지만, 세상이 당신 바람대로 되기를 바라는 건 전혀 다른 문제이다. 그걸 바란다면 당신은 계속 실망할 뿐 아니라, 많은 저항에 부딪히게 될 것이다.

과잉 일반화

"오늘 이 학급을 지도하는 게 이렇게 힘든 걸 보니, 학기 내내 힘들겠어." vs "오늘 봤을 때는 꽤나 다루기 힘든 아이들 일 것 같은데, 그래도 서로 좀 더 알아가면 더 나아질지 모르지."

"일 처리를 이렇게 형편없이 하다니, 나는 교직에 안 맞나 봐." vs "때로 내가 일을 완벽하게 처리하지 못할 때가 있긴 하지만, 그게 내 실력의 전부는 아니야."

이러한 예는 외부에 기반을 둔 (당신의 통제권 밖에 있는 주위 환경을 비난하는 데 초점을 맞추고 있는 자기 대화) 말과, 반대로 자신의 생각과 감정에 대한 책임을 보여 주는 내부에 기반을 둔 말의 차이를 보여 준다. 당신이 아이들과 함께하면서 배운 것 중 하나는, 우리에게 일어난 일에 대해 어떻게 행동할 것인가 뿐 아니라, 어떻게 생각할 것인가에 관한 것이었다. 이것은 정서적 반응이 특정한 해석을 기반으로 한 선택이라는 것을 의미한다.

아래에는 기분이 안 좋을 때, 보다 건설적인 내적 언어를 사용하게 하는 몇 가지 방법이 제시되어 있다.

- 세상과 다른 사람에게 절대적 요구를 하게 만드는 ~해야만 한다는 표현을 피하자.
- 최악의 상황에 대한 생각은 그만두고, 긍정적인 결과를 생각하자.
- 문제가 생겼을 때는 일이 잘못되었을 때를 떠올리기보다, 예외적 상황을 찾아보자.
- 과거에 연연하지 말고 현재에 충실하자.
- 부정적 생각이 자꾸 든다면 "증거가 어디 있지?" 하고 스스로에게 묻자.
- 실망을 줄이기 위해, 현실적 기대를 하자.
- 내가 한 말을 다시 한 번 짚어 보자.
- 문제를 재구조화해서 다룰 수 있도록 만들어 보자.
- 통제 불가능한 일에 대해 징징거리고 불평하는 건 그만두자.
- 어떤 경우에도 유머를 잃지 말고 너무 심각해지지 않도록 하자.
- 과잉 일반화하지 않도록 조심하자.

외부에 초점을 둔 말	내부에 초점을 둔 말
"그 학생은 나를 정말 화나게 해."	"그 아이가 한 행동을 보고 난 정말 화가 났어."
"이건 내 잘못이 아니야. 어쩔 수 없었어."	"이런 식으로 행동한 건 결국 내 선택이었지."
"학생들이 나를 관찰하는 게 너무 긴장된다."	"학생들이 관찰하는 것에 나는 너무 긴장하고 있어."
"그 녀석은 정말 날 짜증나게 해."	"내가 그 녀석이 화를 돋우도록 만들었어."

생각 일기 쓰기

(제5장에서 다룬 인지치료와 관련하여) 자기 대화에 내포된 이론은, 가장 부정적인 정서 반응이 외부 사건에서 기인하는 것이 아니라 그것에 대한 해석에서 비롯된다는 것이다. 당신이 직면한 대부분의 상황에 대해서, 그것이 얼마나 힘들고 스트레스를 받는 상황이건 당신은 어떻게 반응할 것인지 선택할 수 있으며, 이는 당신의 사고방식에서 결정된다. 학생들이 이것을 잘 배우도록 도우려면, 당신이 먼저 그 과정을 경험하고 기술을 익혀야 한다.

이를 잘할 수 있는 한 가지 방법은 생각 일기(though journal)를 쓰는 것이다. 이것을 활용하면 가장 괴로웠던 상황을 떠올릴 수 있을 것이며, 그러한 곤경에서 어떻게 생각해야 실마리가 풀릴 것인지 되짚어 생각해 볼 수 있기 때문이다. 따라서 이것은 언제나 휴대하고 다닐 수 있도록 작은 공책이나 일기장이 적당하며, 통제가 어렵다고 여겨지는 상황들에 대해 충실하게 기록해야 한다.

앞에서도 언급한 바 있지만, 초보 교사는 자신의 상황을 지나치게 과장하고 과잉 일반화하여 현실감이 매우 떨어져 있다. 물론, 뛰어나지 못하다는 평가를 받는 것은 실망스러운 일이지만, 생각해 볼 가치가 있음은 분명하다. 그의 삶에서 마주치는 이 같은 어려움은 결국 그의 반응의 선택에서 비롯된 것이다. 생각과 느낌을 적음으로써, 원인을 잘 분류할 수 있으며, 보다 현실적이고 신중한 반응을 선택하여 건설적인 행동(염려하는 바에 대해 교장과 좀 더 긴 대화를 나누는 것과 같은)을 이끌 수 있을 것이다. 무조건 분개하거나 방어적인 모습을 보이기보다, 피드백을 받아들이고자 하

상황	감정	자동적 사고
맥락과 배경	한 단어로 기술하기	불쾌한 경험을 하기 직전에, 그리고 그 경험을 할 때에 무슨 생각을 했는가?
내 수업에 대한 평가 결과가 '보통'으로 나왔다. 나는 훨씬 더 잘했다고 생각했는데 말이다. 이번 평가는 학교에서의 종신재직이 걸린 중요한 단계였다. 나는 지금까지 '최고' 등급 아래로 평가를 받아본 적이 없었고, 때문에 이번 평가는 교장이 나를 좋아하지 않기 때문이라고 생각할 수밖에 없었다. 이건 나에게 매우 중요한 문제이다. 왜냐하면 난 정말 이 직업을 좋아하고, 이 학교에서 일하는 것이 좋기 때문이다. 다른 직업을 찾고 싶지는 않다.	우울한	나는 지금 심각한 문제에 처해 있고 해결될 희망이 없어.
	굴욕적인	잘리기 전에 그만두는 게 나을 것 같아. 아마도 난 다른 직업을 생각해야 할 것 같아.
	화가 난	이런 일이 나에게 일어나다니 정말 불공평해. 왜 하필 나지?
	불만스러운	하필 내가 도움을 필요로 하는 이 순간에 이런 일이 벌어지다니…. 이건 지금까지 있었던 일 중 최악이야.
	불안한	
	낙담한	교장은 지시를 좀 더 명확히 해 줘야 해. 내가 어떻게 교장이 뭘 원하는지 마음을 읽을 수 있겠어?

는 열정을 가지고, 차분하고 열린 마음을 보여 준다면 상황이 더 발전적으로 변화할 수 있을 것이다.

교사를 위한 셀프상담의 주제

우리 자신의 삶에 상담기술을 적용한다는 것은 당신이 지칠 때에 단순히 더 효과적으로 스스로에게 말하거나, 더 구조적으로 생각하는 단계를 거치는 것 이상이라고 볼 수 있다. 앞에서 우리는 학생이 수업을 통해 가르치는 것만큼, 교사의 행동을 보고 많은 것을 배우고 있음을 언급한 바 있다. 학생은 당신이 행동하는 방식과 삶의 일화를 지켜보고 있다. 그리고 학생은 가장 멋져 보이는 교사의 모습을 바탕으로 자신의 패턴을 만든다.

당신이 가장 좋아하고 존경했던 선생님, 특히 당신과 좋은 관계를 맺었던 선생님을 떠올려 보자. 아마도 그 선생님이 가르쳤던 내용보다는 선생님과 관련된 소소하고 특별한 것들(옷 입는 방식, 선생님의 특별한 흥밋거리, 좋아하는 음식, 운동습관)이 기억날 것이다. 이처럼 건강한 생활습관에 대한 모델링은 확실히 학생에게 영향을 준다. 하지만 이것이 셀프상담을 하고자 하는 유일한 이유는 아니다.

교사의 소진율이 높은 것은, 만성적 스트레스 때문이다. 따라서 스스로 기운을 차릴 수 있는 방법을 개발하는 것이 매우 중요하다. 스스로를 돌보지 못한다면 다른 사람을 잘 돌볼 수 없을 것이다. 따라서 몇몇 분야에 대해 솔직한 자기 평가를 하고, 문제가 있다면 이를 변화시킬 필요가 있다. 그리고 같은 방법을 통해서, 당신과 비슷한 문제로 고통을 겪는 학생을 격려할 수 있을 것이다.

신체적 건강은 당신의 일과 삶을 효율적으로 기능하도록 하는 데 있어서 매우 중요하다. 비만은 오늘날 미국에서 가장 치명적인 건강문제 중의 하나이며, 식사에 대해 모니터링하는 것은 매우 중요하다. 건강을 위한 다른 요인은 규칙적 운동에 대한 것이다. 매일 규칙적 운동으로 몸을 단련시키자.

대부분의 아이들이 생활 속에서 겪는 문제들을 생각해 보자 — 날씬한 몸매, 친구관계, 가족의 불화, 나쁜 습관, 술이나 약물, 우울과 불안 등 — 이 모든 것은 당신이 겪는 어려움과 다를 바 없다. 따라서 당신이 비슷한 문제를 잘 다루지 못했을 경우, 학생에게 이러한 문제에 대해서 안정과 지지를 제공하는 것이 어려워질 것이다.

어려움에 처한 학생을 돕고자 할 경우에 염두에 두어야 할 것이 있는 것과 마찬가지로, 스스로를 돕고자 할 때에도 몇 가지 제한점이 있다. 당신의 전문성을 넘어서는 상황에서 다른 전문가에게 학생을 의뢰하는 것처럼, 당신이 해결하기 어려운 문제라 느껴질 때에는 상담가나 치료자를 찾아가도록 하자.

많은 상담가 훈련 프로그램에서, 훈련생은 내담자로서 상담에 참여하면서 많은 용기를 얻는다. 이런 훈련을 하는 이유는 내담자 입장이 되어 보지 않는다면 다른 사람을 돕는 것이 어렵기 때문이다. 또 다른 이유는 앞에서 강조했듯이 상담자 및 그와 유사한 조력적 역할을 하는 전문가는 다른 이들을 돕는 것과 같은 방식으로 스스로를 도울 의무가 있기 때문이다.

교사를 위한 상담기술에 대한 지금까지의 간략한 소개는 훈련의 시작일 뿐이다. 당신이 가장 사랑하는 사람과 학생에게 좀 더 잘 반응하는 청취자가 되기 위해 배우는 것처럼, 교사로서의 효능감을 높이는 것은 일생의 과업이다. 매일, 거의 매 순간, 당신이 배운 것을 연습할 수 있는 기회가 있을 것이다.

찾아보기

저자 소개

Jeffery A. Kottler는 병원과 정신건강센터, 학교, 대학교, 회사 등에서 교사와 상담가, 프리랜서로 활동한 바 있다. 현재 풀러턴의 캘리포니아 주립대학교의 상담학부 주임교수로 재직 중이며, 교육학, 상담학, 심리학 분야에서 60권 이상의 책을 집필한 바 있다. 대표적으로 『On Being a Teacher: The Human Dimension』, 『Divine Madness: Ten Stories of Creative Struggle』, 『The Client Who Changed Me: Stories of Therapist Personal Transformation』, 『Making Changes Last, and Students Who Drive You Crazy: Succeeding With Resistant, Unmotivated, and Otherwise Difficult Young People』 등이 있다.

Ellen Kottler는 공립, 사립학교와 대학교, 대안학교, 성인 교육 프로그램에서 25년간 교사로 재직한 바 있다. 대도시는 물론 시골과 중소도시 등 다양한 환경의 학교에서 재직하였으며, 역사와 수학, 스페인어, 사회와 가정 과목을 가르쳤다. 현재 풀러턴의 캘리포니아 주립대학교의 사범대학에서 강의를 맡고 있으며, 교사경력개발센터의 감독관으로 활동하고 있다. 저서로는 『Children With Limited English: Strategies for the Regular Classroom』, 『Secrets to Success for Beginning Elementary School Teachers』와 『Secrets for Secondary School Teachers: How to Succeed in Your First Year』 등이 있다.

역자 소개

김은향

서울대학교 대학원 교육학과 교육상담 박사과정 수료

현재 서울 응봉초등학교 교사, 서울교육대학교 강사

김영조

한국교원대학교 대학원 상담심리 석사

현재 서울 혜화초등학교 교사

이동궁

한양대학교 대학원 아동심리치료학과 박사과정 수료

현재 서울 문백초등학교 교사

이정희

연세대학교 교육대학원 상담교육 석사

현재 서울 토성초등학교 교사

장현일

한국교원대학교 대학원 상담심리 석사

현재 안양 달안초등학교 교사

심정희

고려대학교 교육대학원 상담교육 석사

현재 서울 신암초등학교 교사

황애현

경인교육대학교 교육대학원 상담교육 석사

현재 인천 남촌초등학교 교사